歷史 天空

滿清之晨

探看皇朝興起前後

陳捷先 著

三民書局

國家圖書館出版品預行編目資料

滿清之晨：探看皇朝興起前後 / 陳捷先著.——初版一
刷.——臺北市：三民，2012
面；　公分.——(歷史天空)

ISBN 978-957-14-5683-6　(平裝)

1. 清史 2. 史料

627　　　　　　　　　　　　　　　　101010381

© 滿清之晨
——探看皇朝興起前後

著 作 人	陳捷先
責任編輯	陳俊傑
美術設計	李唯綸
發 行 人	劉振強
著作財產權人	三民書局股份有限公司
發 行 所	三民書局股份有限公司
	地址　臺北市復興北路386號
	電話　(02)25006600
	郵撥帳號　0009998-5
門 市 部	(復北店) 臺北市復興北路386號
	(重南店) 臺北市重慶南路一段61號
出版日期	初版一刷　2012年7月
編 　 號	S 620670

行政院新聞局登記證局版臺業字第○二○○號

有著作權‧不准侵害

ISBN　978-957-14-5683-6　(平裝)

http://www.sanmin.com.tw　三民網路書店
※本書如有缺頁、破損或裝訂錯誤，請寄回本公司更換。

前　言

　　中國東北地區自古就有一群勇敢而又勤奮的民族。據中國史書的記載，他們在周朝時被稱為肅慎，到漢朝改稱為挹婁，南北朝時又叫勿吉，隋唐時則作靺鞨，宋朝又記載為女直或女真。到了明朝末年，女真族中有一部自號滿洲，他們後來統一女真諸部，滿族也因此成為東北地區各部族的綜合稱謂。

　　明朝女真原本約分為三大部分：即在牡丹江、綏芬河、長白山一帶的建州女真；松花江流域的海西女真；黑龍江、庫頁島等地的野人女真。明朝末年由於政治腐敗、國內動亂的種種原因，給了東北地區女真部族一個大好的發展機會。其中建州女真有一部的首領努爾哈齊乘勢崛起，他經過三十餘年的奮鬥，先後平定了女真諸部，打敗蒙古，戰勝東北地區的若干明朝駐防軍，終於在明萬曆四十四年 (1616) 建立大金（史稱後金）政權，成為東北地區的一方之主。

　　努爾哈齊在建立大金前後，除武功卓越之外，他還在創建八旗制度、選人才、設議政、理訴訟、製滿洲文、建造城池等方面做了不少工作，可以說在政治、軍事、經濟、文化等措施上，他都作出很大的貢獻。

　　明天啟六年 (1626)，努爾哈齊病逝，其子皇太極繼承大金汗位。皇太極在即位之初，確實面臨了可怕的考驗。部族裏諸王貝勒爭權；眾多投降或被俘的漢人不服努爾哈齊晚年的殘暴統治，紛起反抗；還有大金嚴重的經濟問題，在在影響到大金的

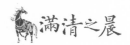

進一步發展甚至存在。而皇太極卻以非凡的政治手段與特殊的軍事才能，穩固了他的統治地位。在政治上，他仿照明朝中央官制成立六部、制定會典、改革官制，嚴格執行君臣尊卑等級。在文化上，尊崇孔子，舉辦科舉考試，翻譯著名漢文典籍，其中也包括《三國演義》。在軍事上，他剿撫東北各地的女真同胞、統一漠南蒙古、征服朝鮮、用兵遼東明兵防地，各方都取得相當程度的勝利。在民族上，他竭力調和，任用漢、蒙重臣，使民族鬥爭問題逐漸緩和。在他多年辛苦的經營下，女真部族稱號改作滿洲，國號也由大金改稱大清，國勢日昌；而明朝國勢卻是日漸衰亡。

努爾哈齊是大清的奠基者，皇太極是大清的創造者。他們父子二人的豐功偉業在滿漢官私書檔中都有可觀的紀錄，本書選錄了個人的幾篇論文，試從不同的角度來談談他們的智慧、戰略、權謀以及影響日後世界文化史的一些問題，以補充史書的不足。

首先敘述一下《三國演義》一書與清朝建國的關係。根據眾多現存的滿漢文史料，可知努爾哈齊與皇太極皆著迷於《三國演義》，尤其皇太極更是熟讀過這部書並且有很多心得，不論是用人、行軍、作戰、論政，處處都可見他引用《三國演義》的高論與實踐。例如皇太極曾於天聰三年 (1629) 率大兵突襲北京，並巧設反間計，讓多疑的明崇禎皇帝逮捕袁崇煥。袁氏下獄冤死後，明朝再無東北邊防可言，不啻自壞長城，史家即認為這是《三國演義·群英會瑜智蔣幹》的翻版。

皇太極是位感情豐富的人，他在最愛的妻妾以及兄弟死亡時，總是傷心痛哭。而且蒙古首領、國內功臣，甚至投降的漢

人之妻病逝時，他也會痛哭不止，還有痛哭再三、再四的。這常給人一種感覺，即他的哭似乎雜有政治之作用與目的。《三國演義》記劉備用哭娶得孫吳貴女，諸葛亮「柴桑弔孝」大哭，感動仇恨他的周瑜部下，扭轉很多東吳人對他的印象。皇太極一直以《三國演義》為治國寶典，仿效劉備、諸葛亮哭的技倆並非不可能。

此外，清初史料中也記錄不少皇太極會做夢並解夢的故事。他可以用夢來預言國家大事，獎懲屬下官員，甚至侈談政權更替，以成就他的帝王事業。不少政治性質的夢，確實反映出他高明的權謀策略。

本書還強調一件事，那就是努爾哈齊父子創製與改良滿洲文字。努爾哈齊在明萬曆二十七年 (1599) 下令大臣創製滿洲文字，其後即以滿文記載族中的大小事務。皇太極繼承汗位後，感到早年草創的文字有字母數量不多、字形不統一、語法無規則等等缺失，於是下令大臣改良，使其完備。又令中央衙門以滿文記錄檔冊，翻譯漢文古籍。此一措施也為入關後的清朝帝王所遵行，故爾今日得以存留下大量滿洲文的書檔。這批歷史檔案對我們研究清史與滿族文化有很大的幫助，而滿文譯漢的古籍，也經由西洋傳教士以拉丁等文字轉譯，流向西歐，也有人直接把滿、漢文中國經典帶回西方，使十八世紀的西歐掀起「滿洲學」與「漢學」研究的熱潮。本書也略選幾篇有關文字，讓讀者了解滿文的內容以及滿文書檔的價值。

有關以上幾個問題的論述，這次能集印成書，首先應該感謝臺北三民書局董事長劉振強先生的厚愛，同時該公司編輯部同仁在編印出版上的辛勞以及內人侯友蘭女士的協助，都是需

要在此一併致謝的。本書必有掛漏之處，尚請專家賜正。

陳捷先

民國一○一年孟夏於加拿大溫哥華傍釋樓

滿清之晨
——探看皇朝興起前後

目次

前　言

清朝開國君主與《三國演義》

　　清太祖努爾哈齊（此為清朝官方公布的名字，中國大陸學者多稱他為努爾哈赤），經過一生奮鬥，建立了金國，或稱後金汗國，為大清皇朝奠定始基。他的兒子皇太極繼承他的事業，在金國的基礎上發展、壯大，改金國為大清，其子孫更進一步代明有國，做上了中國的主宰。努爾哈齊與皇太極父子二人，就被後世之人稱為清朝的開國君主。

　　不少研究清史的前輩學者都說過：清初建國君主受《三國演義》一書的影響很大，甚至暗喻《三國演義》對滿族興起與清朝建國的影響至深。例如日本的學者稻葉岩吉曾寫道：

> 太祖對於漢人之情形，多自撫順市上得之。……幼時愛讀三國演義及水滸傳，此因交識漢人而得其賜也[1]。

　　又如我國的蕭一山教授在他的巨著《清代通史》中談到努

---

[1] 稻葉岩吉（撰），但燾（譯訂），《清朝全史》（上海：中華書局，1915），頁82。

爾哈齊與皇太極的用兵方略時也說：

> ……論者謂就其（案：指努爾哈齊）教育程度觀之，似皆由
> 於《三國演義》一書，而揣摩有得者，或亦不無見地耳。
> 皇太極云：「我國本不知古，凡事揣摸而行」。其所揣摸
> 者，殆仍是《三國演義》一類之小說，為清朝開國典謨
> 之源泉也[2]。

又如李光濤先生在他的著作中也提過：

> 清太宗當初之立國，與其得中國之故，據吾所知，其最
> 大原因，莫如得力於《三國演義》一書[3]。

以上三位都強調努爾哈齊與皇太極在創建龍興大業時，受到《三國演義》的影響，他們的說法是有些根據的，至少針對皇太極而言是可信的。現在我就以清初的有關檔案文獻，找出一些證明，來談談這兩位君主重視或應用《三國演義》的情形。

明末遼東滿洲，文化落後，生活清苦，努爾哈齊等雖與漢人有不少接觸，但漢文化的修養畢竟不高。不過，從史料裏可以看到努爾哈齊常以中國古往史事來訓導子弟，告誡鄰邦，講解國家興亡之道，個人成敗之因。例如有一次他希望金國大臣們都能像諸葛亮一樣的賞罰公正，他說：

---

[2] 蕭一山，《清代通史》，修訂臺一版（臺北：臺灣商務印書館，1962），頁56。
[3] 李光濤，《明清檔案論文集》（臺北：聯經出版公司，1986），頁441。

人君承天命，柄國政，見大臣不法，可庇之乎？見小臣
之善，可不舉乎？為大臣而計圖便安，罔思報効者，不
誅不譴，何以懲惡？為小臣而勤於職事，克殫厥心者，
不知拔擢，何以勸善？昔諸葛亮身佐幼主，攝行國政，
有罪必誅，雖親不庇；有功必舉，雖仇不遺。罪雖輕而
不引咎者，重治之，罪雖重而引咎者，輕罰之，其公其
明，載諸史冊，至今稱述焉！[4]

努爾哈齊不但引用諸葛亮來鼓勵大家分別善惡、獎懲官員，
也曾以劉邦、韓信等人的故事作為自己為政用兵的手段。後金
天命八年（明天啟三年，1623）五月初七日，遼東地區被征服的漢
人中有人起來反抗，而投降後金的漢人官員中也出現信心動搖
的情況，認為努爾哈齊終不能成大事，後金大汗因此發怒了，
對撫順額駙李永芳說了這麼一番話：

李永芳，昔於撫順之時，曾念爾乃一通達明白之人，故
收之，妻以金之骨肉。……爾李永芳卻不相信。因爾之
不信，故爾等以為明帝久長，而我則為一時耳。遼東漢
人屢欲謀反，彼等密謀之書不斷傳來。我每欲查抄之，
因爾心向明，竟以欺瞞相諫。叛逃而往，爾心始快，一
經發覺而誅之，則爾之心不適矣。倘爾果然忠誠，兵不
勞國不擾，身任管束，平定叛逃，滅其國而取之，則我
之過，而爾之所諫信然。爾輕視於我，然我嘗聞，爾漢

<hr>

[4] 華文書局（輯），《大清太祖高皇帝實錄》（臺北：華聯出版社，1964），卷
10，頁15。

人之劉邦，乃淮下督催役徒之亭長，蒙天之佑而為漢帝。……可見爾將辜負於養身之父及岳父矣。然而今既養爾為婿，且蒙、漢、朝鮮皆已聞之。倘予治罪，恐為他人恥笑於我，亦恥笑於爾。故不予治罪，默然處之，然我心怨恨，乃示此由衷之言也[5]。

上引滿文譯文雖不似清代漢文官書流暢，文意也相當古樸，但可以看出努爾哈齊之真性情，以及他對中國史籍與《三國演義》的一些了解。同樣在這份古老的檔冊裏，我們還可以看到天命十年（明天啟五年，1625）間他寫給明朝駐遼東守兵將領毛文龍的信件，其中也談到漢代史事。那一年二月初一日他致書毛文龍，希望毛投降後金，其中有：

我之意，以爾取朝鮮之義州城，與我相倚而居，則朝鮮豈敢犯爾。爾駐義州之後，朝鮮若降則罷，若不降，則來借用我兵。爾若如此與我相倚，迫使朝鮮投降，則爾之前途無量矣。爾既得罪於爾帝，已不能回明，而朝鮮又不容爾，我能置爾於不顧乎？……爾若降我，豈不亦如此効力於我乎？古之韓信，棄楚霸王而歸漢，胡敬德棄劉武周而降唐，因其降而成大功，留美名於後世。有何人謂其不忠於君而歸叛他主？[6]

---

5 中國第一歷史檔案館、中國社會科學院歷史研究所（譯註），《滿文老檔》（北京：中華書局，1990），頁 483。

6 中國第一歷史檔案館、中國社會科學院歷史研究所（譯註），《滿文老檔》，頁 625–626。

　　同年五月二十日，努爾哈齊又寫信給毛文龍，說道：「良禽擇木而棲，賢人擇主而事。韓信棄霸王而歸漢高祖，劉整棄宋國而歸蒙古忽必烈汗，此皆觀天時擇主而事，且留芳名於後世。誰人曾謂彼等為惡？」[7] 好像努爾哈齊對中國古史是熟習的，很懂得「古為今用」的手段。更令大家激賞的是他在薩爾滸山大戰中，消滅明朝東路軍劉綎的戰役。努爾哈齊打敗杜松一軍之後，利用繳得的杜松兵令箭，派人到劉綎駐軍地詐稱杜松已大獲全勝，並打進滿洲老巢赫圖阿拉城，促劉綎加速進軍。劉綎中計，被後金兵誘入地形複雜，並經努爾哈齊設計的包圍地帶布達里岡，結果劉軍被四面包抄，全軍覆沒，劉綎也戰死犧牲。後人都說這是努爾哈齊仿《三國演義》戰役所獲的勝利。

　　努爾哈齊真是熟讀《三國演義》一書，而又能將書文精采處應用在他的政事與兵事上嗎？我個人有些存疑，因為第一，早年寫製的《滿文老檔》中幾乎不見劉、關、張以及諸葛亮的敘述，只偶爾談到漢高祖劉邦與韓信等人，這能表示努爾哈齊受到《三國演義》的影響嗎？第二，《大清太祖高皇帝實錄》重修於康熙年間，再修於乾隆初年，書中增添、改飾之處很多，出現「諸葛亮」字樣似乎是後世史官的美化手筆，能不能代表努爾哈齊當日的談話內容，實在大有問題。第三，我們遍查清朝入關前留下的重要檔冊，不論是努爾哈齊寫給朝鮮國王的信，或是他致書李永芳與毛文龍，或是他訓誡子孫、侍臣、官員的多次談話中，幾乎都不見《三國演義》中的重要人物與事件，最多只說到劉邦、韓信等人。所以我的想法是，努爾哈齊年輕

---

[7] 中國第一歷史檔案館、中國社會科學院歷史研究所（譯註），《滿文老檔》，頁 696。

時愛聽《三國演義》中的故事是可能的，他是不是有心的、正確的仿用《三國演義》裏的故事，製成策略應是另一回事，況且他心中一直是仇視漢人、反對漢化的。

　　而努爾哈齊的繼承人皇太極是不是受《三國演義》的影響呢？我的答案是肯定的。李光濤先生所謂的「奉此一書，以為開國方略之用」，應該不是誇張之語。皇太極雖然主政只有十多年，但他在文治武功方面都有傑出的成就，尤其對於接受漢人文化一事，他表現得很積極。皇太極仿照明朝中央官制成立六部，舉辦科舉，制訂會典，崇敬孔子，重用漢臣，又命令以滿洲文字翻譯漢文中有益於建國的經史雜家之書，其中即包括《三國演義》[8]。因此皇太極在位期間，《三國演義》可以說風行了朝廷。現在略舉一些例子，作為說明。

　　皇太極雖然一生戎馬，生活相當緊張，但他還是撥出一些餘暇時間，讓人為他說書講故事。據清初殘本檔案記：「石漢供稱：……我於太宗皇帝陛下說書六年、管匠役十二年、管毛皮二年，初定烏真超哈莊頭，又管三年，又管曬鹽六年」[9]。「烏真超哈」是滿語 ujen cooha 的漢譯，意為「漢軍」。這位被俘的漢人石漢，顯然不是一位學者，他所管事務都是與文化事業無關的。他為皇太極說書，當然不是學士們所講的經史一類，而可能是《三國演義》。皇太極曾經對朝鮮國王誇耀說：「王勿謂我不知書，然小傳未嘗不讀」[10]。這裏所謂的「小傳」是不是

---

[8] 華文書局（輯），《大清太宗文皇帝實錄》（臺北：華聯出版社，1964），卷12，頁15。

[9] 請參看：臺北中央研究院歷史語言研究所藏「刑部殘缺本」（順治十年）。

[10] 請參看：李光濤，《明清檔案論文集》，頁444。

指《三國演義》呢？我們在當時存留下的珍貴史料中，發現投降後金的漢官，常說「汗嘗喜閱三國志傳」[11] 或是「皇上深明三國志傳」[12] 一類的話，皇太極又有專人為他說書，「小傳未嘗不讀」，似乎與《三國演義》有些關聯了。

皇太極不但「深明三國志傳」，也掀起一股談論三國事的風氣。例如天聰三年（明崇禎二年，1629）七月十八日，他派遣了趙登科致書明朝諸大臣，文中有：

> 我欲息兵以享太平，曾屈尊遣使議和。據聞王兵部、孫道員願爭戰而不願和好等語。爾等洵屬憂國之臣，如古之張良、陳平及諸葛亮、周瑜，文武雙全，出而為將能御敵，其入而為相能治民。則爾等之言為是也。……我若欲和好，而爾不從，致起兵端，爾民被誅則並非我誅之，乃爾自誅之也。我誠心和好，爾自大不從，諒天亦鑒之，人亦聞之矣[13]。

天聰七年（明崇禎六年，1633），孔有德等明朝軍官叛明投降皇太極，為了禮遇降軍首領，皇太極特別和他們行抱見禮，這是滿蒙民族間當時所行的親近大禮，使得不少滿洲貴族旗主們心生不悅，認為金國大汗的身分不宜如此，皇太極卻對大家說：

---

[11] 羅振玉（編），《天聰朝臣工奏議》，收入：羅振玉（編），《史料叢刊初編》（臺北：文海出版社，1964），奏上，頁 24。

[12] 羅振玉（編），《天聰朝臣工奏議》，收入：羅振玉（編），《史料叢刊初編》，奏上，頁 39。

[13] 中國第一歷史檔案館、中國社會科學院歷史研究所（譯註），《滿文老檔》，頁 939–940。

「張飛尊上而凌下，關羽傲上而愛下，以恩遇之，不亦善乎?」[14]
孔有德，遼寧人，原是明朝登州參將，後自稱都元帥。他於天
聰七年自山東登州渡海投降後金，皇太極除以高規格的大禮相
迎外，並授為都元帥，號其軍為天佑軍。後金改稱大清後，皇
太極更在崇德元年（明崇禎九年，1636）封他為恭順王，不久編入
漢軍鑲紅旗，成為進攻關外明軍的先鋒主力。清軍入關後，孔
有德在攻陝西、平江南等戰役中頗建功勛，順治三年 (1646) 被授
為平南大將軍，率兵征湖廣、廣東，後改封定南王。孔有德後
雖在廣西桂林戰事中自殺而亡，但他對清朝統一中國貢獻很多。
如此看來，皇太極以抱見禮歡迎他，效關公愛下行為確有產生
大作用。

　　崇德三年（明崇禎十一年，1638）十月初十日，皇太極又在寫
給明軍將領祖大壽的信裏，引用《三國演義》中的故事，他說：
「且朕之夢寐，亦時與將軍相會，未識將軍願見與否耳? 昔劉、
關、張三人異姓，自立盟之後，始終不渝，名垂萬禩，到今稱
焉。將軍其鑒斯而速答之」[15]。這是在一封勸降信裏的用語，
清楚的表明他對《三國演義》故事的了解。祖大壽是遼陽人，
明崇禎元年（後金天聰二年，1628）因駐守寧遠敗後金兵有功，擢
功為前鋒總兵官，兩年後又率明兵收復永平四城，一時祖家軍
名聲遠播。天聰五年（明崇禎四年，1631），祖大壽在大凌河戰役被
困，終因彈盡援絕詐降清朝，旋即逃往錦州（或說皇太極縱放他以

---

[14] 請參看：臺北中央研究院歷史語言研究所藏《清太宗實錄稿》（天聰七年），
定本實錄刪除此段記事。
[15] 國立中央研究院歷史語言研究所（編），《明清史料·丙編》，第1本（上海：
國立中央研究院，1936），頁57。

為日後大用)。崇德七年 (1642)，清軍圍錦州，祖大壽再度降清，皇太極仍授以總兵官，後編入漢軍正黃旗，禮遇甚厚，入關後死於北京。

從以上三則史料，可以證實皇太極常把《三國演義》中的故事掛在嘴邊，經常引用。中國古人說：上有好者，下必有甚焉。清太宗主政時期中，大臣確實也不例外的相爭引用三國故事，現存可靠史料中可以看到以下的例證：

天聰二年 (1628) 八月，明清史料殘存奏疏中有人向皇太極說：

> 昔羊祜守晉，與陸抗對境，孚以信義，聽民往來則云：「吳民即我民也，何禁為之？」及陸抗臥病，索藥於羊公，得而輒服，左右止之，陸抗笑曰：「豈有酖人之羊叔子哉？」久後陸君告損，而吳卒為晉有。由此觀之，德義之為用也妙矣哉，實今日對症之聖藥，要非腐儒之迂談也[16]。

《三國演義》卷 24，記述晉都督羊祜鎮守襄陽拒東吳鎮東將軍陸抗於江口，當時晉人國富兵強，戰勝吳兵很有可能；不過羊祜想以術取之，故以小仁小信愚陸抗，希望少費兵卒而一舉滅吳。當此奏上呈皇太極時，當時後金新換大汗，國力也不強，形勢不穩，漢人降臣以羊祜之事為例，旨在安慰皇太極，希望他暫且以收拾人心為重，將來可收「德義妙用」的成果。

天聰六年 (1632) 正月，張弘謨等也上奏給皇太極稱：「昔魏武之破漢中，蜀人一日數驚，雖斬之而不能定，乃收兵還許，

---

[16] 國立中央研究院歷史語言研究所（編），《明清史料‧甲編》，第 1 本（上海：國立中央研究院，1930），頁 50。

併漢中俱棄於蜀。晉武乘破竹之勢，獨排眾議，一舉而下江南，遂成一統」[17]。這一奏文是說曹操（魏武）攻打漢中為了不「得隴望蜀」而班師回許昌，漢中因此被蜀漢所取得。司馬炎（晉武）則「獨排眾議」，「一舉而下江南，統一天下」，顯然是指成敗在一念之間，張弘謨等是想用這些三國故事勸皇太極興兵計取明朝中國。

　　天聰六年(1632)八月，後金因得地日多，降民日眾，國中經常發生民奴「非散即逃」之事。王文奎乃上奏建議說：「……降夷之眾，狼子野心，殺之不可，養之不服。臣謂不若效孔明之擒縱，反足以播恩威耳」[18]。在投降後金的漢人中，胡貢明算是相當熱心的上奏之人，他在天聰六年九月間向皇太極上疏言事時稱：

> 要做大事，必如漢高祖之作為而後可。……皇上五六年來，不能擴充先汗之業，臣是律之，皇上必曰：「我原是金人，如何把漢高祖來比我？」殊不知漢高祖但能如是做事，所以成了一個漢高祖，皇上誠能奮起剛毅之精神，拿出果決之手段，如其用人、如其養民、如其立法、如其收拾人心，有何大事之不成乎？只要能成其事，即今日之漢高祖也；故要成大事，必用如漢高祖這般做事。

[17] 羅振玉（編），《天聰朝臣工奏議》，收入：羅振玉（編），《史料叢刊初編》，奏上，頁4。

[18] 羅振玉（編），《天聰朝臣工奏議》，收入：羅振玉（編），《史料叢刊初編》，奏上，頁19。

同月又奏：

> 漢高祖止得三傑，漢昭烈止得孔明，先汗止得五六人而
> 已。然要做高祖、昭烈、先汗之事業，必要得三傑、孔
> 明、五六人之人才而後可。今當皇上之時，其為三傑者
> 誰耶？其為孔明者誰耶？其為五六人者又誰耶？……臣
> 以三傑、孔明為言，皇上必曰：這樣好人，如何可得？
> 必謂臣言妄也。……臣不患世無三傑、孔明之人，惟患
> 世無用三傑之主耳！

文中漢高祖指劉邦，漢昭烈帝是劉備，三傑為張良、蕭何、
韓信，孔明即諸葛亮，都是《三國演義》中出現的人物，可見
皇太極相當熟知《三國演義》一書的內容。

而胡貢明也在奏章上提到「三國志傳」，更足以證明皇太極
真是「小傳未嘗不讀」：

> 皇上深明三國志傳，臣竊一言之。漢昭烈一得孔明，則
> 曰：「我之得孔明，猶魚之得水」。適魏兵臨，張飛即曰：
> 「今有兵來，何不使水？」彼時昭烈若少惑飛言，不以軍
> 法服之，何能首建破魏之功？設以皇上身處其地，能不
> 以弟飛之言自惑乎？臣謂必不能也。及其敗當陽，走夏
> 口，當此顛沛流離，孔明因感昭烈三顧之典，信任之誠，
> 死活相顧，輕身吳國，舌戰羣儒，激孫權，說周瑜，遂
> 成赤壁之功，以立鼎足之基。彼時孔明兄瑾在吳，又值
> 吳國強大，昭烈身處窮促，倘疑而不許之，如何能成此

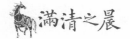

大功？設以皇上身處其地，果能信而許之往乎？臣謂又
不能也[19]。

皇太極如果對《三國演義》內容不熟悉，上述的奏文就毫
無意義了。

同年十月，又有一個投降後金的漢人，名叫劉學成，他以
黃河渡口曾出現孔明石碑事上奏皇太極，文中有：

> 臣聞得萬歷〔曆〕三十四年丙午年間，黃河大金陵口，出
> 一石牌，係諸葛孔明後驗碑，文有云：「中原華夷大金根，
> 瑞草枝葉又逢春，癸水若遇丙丁火，寅卯年間至此河」。
> 臣因此占卜，我國天命得在何年？讖語斷說在子丑年間。
> 臣想明年到子丑還有三年，乘此時且與漢朝議和，權且
> 罷兵，休息生民。倘漢朝依允便好，如其不從，統兵河
> 西，索賞、案戰、鬥將、鬥兵，不必捉拿一人，貪圖子
> 女玉帛。再不必千里行師，勤兵於遠，只專修德行仁，
> 全盡天地包荒之量。到子丑年間，仍再興兵征討，那時
> 天命既至，人心自歸，欲成王業，如反掌矣。

第二年，孔有德、耿仲明等明軍將領從山東渡海來遼東投
降後金，劉學成又上奏說：

> 臣舊年為與漢朝議和，曾奏請稍待天命至日，人心自歸。

> 今年漢朝官兵，果然航海多歸，是人心悅，即天意得，
> 足見我國天命將至，意者到丙子、丁丑年間，必成大業，
> 可以符應孔明碑記後驗矣[20]。

顯然皇太極相信這些孔明碑文後驗的說法，天聰七年（癸酉，1633）孔有德等來降，證驗了「人心自歸」。天聰十年（丙子，1636），他改國號「金」為「清」，仿漢制建立皇朝，完全應驗「丙子必成大業」的推論。

事實上，在天聰六年 (1632) 底的十二月，還有一位漢族降人寧完我也為皇太極加油打氣，用三國故事，叫他學漢高祖更上層樓，消滅明室，建立自己的皇朝。寧完我的奏文中說：

> 聞古語云：「帝王將相，本來無種，有志者事竟成」。又有云：「兵貴精而不貴多，將在謀而不在勇」。試考古史，沛公連敗七十餘陣，何為而卒成帝業？項羽橫行天下，何為而竟限烏江？袁紹擁河北之眾，何為而一敗塗地？玄德屢遭困窮，何為而終霸一方？此無他故，總之，能用謀與不能用謀，能乘機與不能乘機而已[21]。

寧完我曾經建議過仿明朝制度在中央政府設立六部，打破滿洲舊俗的「八家分治」，皇太極聽從了他，乃在天聰五年 (1631)

---

[20] 羅振玉（編），《天聰朝臣工奏議》，收入：羅振玉（編），《史料叢刊初編》，奏上，頁 41–42；奏中，頁 26。

[21] 羅振玉（編），《天聰朝臣工奏議》，收入：羅振玉（編），《史料叢刊初編》，奏上，頁 47。

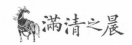
七月「爰定官制，設立六部」[22]，因而得到集權中央的效果。現在又鼓勵他要「用謀」，要「乘機」來完成帝業，並以劉邦、劉備等人為例，相信這與日後改金為清的「卒成帝業」多少是有些關聯的。

從以上皇太極的談話、書信以及漢族降人的論人論政奏疏看來，在皇太極主政期間，《三國演義》一書，似乎是常被他們君臣引用的。這也足以證明皇太極對《三國演義》有相當程度的了解，甚至可以說他是有研究心得的，而在他一生事業當中，最得力於《三國演義》的一件事，可能就是用計策成功除去明朝遼東守將袁崇煥。

袁崇煥，廣東東莞人，明朝神宗萬曆年間進士，其人「有膽略，好談兵，尤知邊事」。熹宗天啟年間任兵部主事，曾「單騎出山海關，察閱形勢，自請率師守關」。清太祖天命十一年（明天啟六年，1626）正月，努爾哈齊率領後金兵攻寧遠，由於袁崇煥死守，使「自二十五歲起兵以來，戰無不捷」的清太祖敗績而歸，後「郁郁而死」。皇太極繼承汗位後，在天聰元年（明天啟七年，1627）五月為報父仇，再發動進攻寧遠之戰，結果又遭失敗。其後多次想與袁崇煥議和，各劃疆界，袁崇煥不予理會。皇太極深知袁氏不除，征明事業極難成就，於是改變戰略，他在天聰三年（明崇禎二年，1629）十月，率大兵繞道內蒙古，入龍井關大安口，進攻北京城。袁崇煥當時因在遼東用兵有功，升任兵部尚書，督師薊遼，聽到清軍避開山海關直攻北京時，他率大軍日夜兼馳，入關保衛北京皇城。袁氏身先士卒，在糧草不足下仍獲得廣渠門與左安門兩役的勝利。皇太極無法可施，

---

[22] 華文書局（輯），《大清太宗文皇帝實錄》，卷9，頁11。

乃用《三國演義》中的戰略，終致袁氏冤死。

　　袁崇煥的冤死在清人入關前所記錄的滿文檔案中，敍述得很不清楚，只簡單的寫著：「（案：天聰三年十一月）二十九日，遣楊太監往見崇禎帝。楊太監以高鴻中、鮑承先之言，詳告明崇禎帝。遂執袁都堂，磔之」[23]。不過，文中所述楊太監把鮑承先等人的話「詳告」給崇禎皇帝一事，不禁令人好奇，究竟報告些什麼呢？我們可以在《清史稿·鮑承先傳》中看出一些端倪，該傳中說：

> 天聰三年，太宗自將伐明，自龍井關入邊，承先從鄭親王濟爾哈朗略馬蘭峪，屢敗明兵，……上（案：指皇太極）誠諸軍勿進攻，召承先及副將高鴻中授以秘計，使近陣獲明內監繫所並坐，故相耳語，云：「今日撤兵乃上計也。頃見上單騎向敵，有二人自敵中來，見上，語良久乃去。意袁經略有密約，此事可立就矣」。內監楊某佯臥竊聽，越日，縱之歸，以告明帝，遂殺崇煥[24]。

　　《清史稿·鮑承先傳》實際上是取材於入關後清政府重修的《大清太宗文皇帝實錄》，該書是這樣記載的：

> 先是，獲明太監二人，令副將高鴻中、參將鮑承先、甯

---

[23] 中國第一歷史檔案館、中國社會科學院歷史研究所（譯註），《滿文老檔》，頁962。

[24] 趙爾巽（等撰），《清史稿·卷232·列傳19鮑承先》（臺北：鼎文書局，1981），頁9366。

完我、巴克什達海監守之，至是還兵。高鴻中、鮑承先，
遵上所授密計，坐近二太監，故作耳語云：今日撤兵，
乃上計也。頃見上單騎向敵，敵有二人來見上，語良久
乃去。意袁巡撫有密約，此事可立就矣。時楊太監者，
佯臥（案：臥）竊聽，悉記其言。……縱楊太監歸，後聞
楊太監將高鴻中、鮑承先之言，詳奏明主，明主遂執袁
崇煥入城，磔之[25]。

據此可知：袁崇煥之所以被殺，是多疑的崇禎皇帝中了皇
太極的反間計，將袁崇煥叛明一事信以為真。在當時，不但皇
帝相信這件事，北京城裏的百姓也以為袁氏有投降後金之意，
所以在袁崇煥處以磔刑（千刀萬剮）之後，大家還爭食他的肉，
以洩心頭之恨[26]。直到清康熙、乾隆間，重修以及再修皇太極
實錄時，才公開了這一祕史，為袁崇煥伸了不白之冤。

我們知道：《三國演義》書中有〈群英會瑜智蔣幹〉一節，
記說蔣幹遵曹操之命，渡江到東吳，原本是命蔣幹說服周瑜來
歸曹操，沒想到蔣幹最後反被周瑜所愚，中了反間計，結果使
曹操殺了兩員大將，終致赤壁慘敗。《三國演義》裏描寫的情節，
有什麼「瑜喝低聲、蔣幹竊聽」等事，確實與楊太監等被愚的
情形大同小異。曹操殺大將導致赤壁大敗，而崇禎帝殺袁崇煥
簡直是自壞長城，遼東戰局自此不可聞問。

皇太極為何如此的喜愛《三國演義》？朝廷上君臣間為何以

---

[25] 華文書局（輯），《大清太宗文皇帝實錄》，卷5，頁43–44。

[26] 張廷玉（等撰），《明史‧卷259‧列傳第147 袁崇煥》（臺北：鼎文書局，
1998），頁6718–6719。

《三國演義》來論政論人？我個人有幾點看法，寫在下面，作為本文的結語：

第一，《三國演義》為元末的羅貫中所作，其書在明代大為風行。書中故事曲折動人，尤其在作者生花妙筆下，把一些善良忠厚的政治家與狠毒詭詐的奸雄，寫得栩栩如生，令人百看不厭，百聽不厭。努爾哈齊年輕即喜愛此書，皇太極在「家學」薰陶下，鍾情於這部巨著，是可以理解的。況且這部「小傳」還有功利的價值，讓他不愛也難。

第二，羅貫中生於元蒙崩潰、群雄蜂起的時代，他相信「時勢造英雄」，似乎也有「圖王」的大志。可惜他無兵無餉、無拳無勇，最後只有「傳神稗史」來寄託生命的熱狂。《三國演義》有三位靈魂人物，他們是劉備、關羽和諸葛亮，他們三人正代表著中國「仁」、「義」、「智」的傳統美德。羅貫中在劉備身上寄託了他的「圖王」心，在關羽身上寄託他勇武義烈的潛在心態，而在諸葛亮的身上則寄託他有儒者的智慧性格與理想。皇太極熱衷漢化，想做個滿蒙漢一家的共主，《三國演義》中的人物、故事當然就成為他效法、仿行的對象。

第三，三國是魏、蜀、吳三方鼎立的時代，天下動亂、兵戈不息，大家都想打敗對方、完成一統。而明末滿洲興起時，正值四方紛亂，明廷、流寇、滿洲三大勢力互爭雄長，也像似天下三分的局勢。皇太極及其臣下熱愛《三國演義》，並強調書中劉、關、諸葛等人的行事作風，仿行書中的計謀策略，也許與此一歷史事象有關吧。

二 皇太極的國事夢

清太宗崇德元年 (1636) 的夏秋之間，古老的滿文檔案中記載了這樣一段史事：

> 遣吳希特依率兩旗兵往征呼爾哈部。……俘獲三百三十人，分囚五牢，命鑲白旗伊兒蓋、庫尼雅克達、正白旗拜斯哈兒、正藍旗達揚阿等率甲士一百六十人固守。庫尼雅克達違吳希特依之言，率兵五十人攜呼爾哈人二十四名出外喂馬。又命阿拜阿哥牛彔下領催惠和齊率甲兵六十六人，攜牢內囚禁之呼爾哈部有夫之婦五十、無夫之婦三十及男丁十二往舂米。其後，伊兒蓋以所夢不祥，入其守牢內，釋一呼爾哈部巫人腳鐐，令其占卜。復入另一牢內，釋一巫人腳鐐，令其占卜。其間，先釋放之巫人，盡釋牢內被擒呼爾哈人腳鐐，即出牢，伊兒蓋本人及其守牢軍士，盡被殺害，旋即往劫達揚阿、拜斯哈兒看守之牢，達揚阿本人及其軍士十五人被殺[1]。

---

[1] 中國第一歷史檔案館、中國社會科學院歷史研究所（譯註），《滿文老檔》

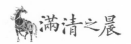

這是一次越獄事件，失敗而存活的軍官吳希特依、庫尼雅克達、拜斯哈兒、惠和齊等後來都受到革職、籍家、為奴的嚴懲。我們了解這段史事之餘，似乎也可以清楚的看出當時滿洲人士重視夢而且相信解夢。

人的一生，睡眠時間占有相當大的比例，而睡眠常會做夢，夢又有千百種，人們想知道夢的究竟，占夢、解夢，或圓夢之術就應運而生了，甚至成為一種專門之學。滿洲人早年信奉薩滿教，薩滿教原本就是一種巫覡，是一些能夠通靈的男女，他們在泛神論的薩滿教信仰中，相信能與神鬼溝通，成為人與靈異世界的橋樑。前列引文中的伊兒蓋顯然是薩滿教的信徒，所以他才解開巫人的腳鐐，請他們來占卜解夢，可是他疏忽看守敵人的責任，因而應驗了自身被殺害的「不祥」。

清太宗皇太極對夢的看法如何呢？我個人以為他不但相信人在夢中所經歷、所見聞到的事物可以預卜未來吉凶休咎，同時更會利用夢作為統治的手段。他用夢來預言國家大事，用夢來鞏固他的「天命」地位，他確是會做國事夢的領導人。以下一些有關他的夢境與論述，相信有助我們進一步了解皇太極多夢以及喜愛記夢、述夢的事。

皇太極和他父親努爾哈齊一樣，對天是十分崇敬的。他在談話中常把一切成就都歸功於天，如「承天眷佑」、「仰賴天佑」等。製造紅衣大砲也命名為「天佑助威大將軍」砲，編孔有德兵為「天佑兵」、尚可喜兵稱「天助兵」、瀋陽被稱為「天眷盛京」、赫圖阿拉號為「天眷興京」。直到他改元崇德、改國號為大清時，他對諸王上尊號一事，還謙虛的說：「恐上不協天心，

下未孚民志」[2]。可見皇太極相信天是人間的主宰，他是天子，只是「代天理物」的人。不過他又認為「皇天無親，惟德是輔，必有德者，乃克副天子之稱。……儻不行善道，不體天心，則天命靡常，寧足恃耶？朕惟有朝乾夕惕，以仰邀天鑒而已」[3]。他既是如此的重視天意，他的崇高地位最好能有上天的認證才好，因此他有一些奇異的夢。

崇德二年 (1637) 七月初九日，皇太極做了這樣的夢：

> 丑刻，漏下四鼓，上（案：指皇太極）夢在太祖（案：指努爾哈齊）前，與和碩禮親王代善，同處一室，向北坐，仰觀見天，諦視之，祥雲絢爛，稠疊三層，雲之上復見青天。上思天甚高遠，何以見之如此分明？代善奏曰：奇哉，……翼旦，召文臣至，以夢告之；對曰：天位乎上，雲物從之，此非常之貴徵也[4]。

「天位乎上，雲物從之」，暗示上天認可了皇太極的天子地位，加上努爾哈齊、代善都在座，誰還敢違抗、不擁戴他為一國之主呢？

又如在崇德六年 (1641) 九月初一日，當時清軍已將松山、杏山等地重重包圍，勝利在望，皇太極又做了一夢，《大清太宗文皇帝實錄》（下文以《清實錄》代稱之）記載了此事：

---

[2] 華文書局（輯），《大清太宗文皇帝實錄》（臺北：華聯出版社，1964），卷 28，頁 14。

[3] 華文書局（輯），《大清太宗文皇帝實錄》，卷 23，頁 14–15。

[4] 華文書局（輯），《大清太宗文皇帝實錄》，卷 37，頁 12–13。

是夕，上夢皇考太祖，令四人捧玉璽授上，上受之而覺。
乙亥（案：初二日），上召大學士范文程、希福、剛林等，
以夢告之，奏曰：太祖授皇上玉璽，此天子之寶、一統
之符，乃上帝授皇上以撫有中外之明徵也[5]。

這又是證明皇太極的大位是「天命」、「天授」的。

皇太極也曾以夢來說明他能預卜戰爭的勝敗。天聰九年
(1635) 十月十六日，他對文館的儒臣希福、剛林、羅碩、札木巴
等人說：「我夢河水微漲，看河水見二獺縮項而行。我見之急索
叉刺殺之。於是，捕得大魚甚多。我記凡夢見此等事，出兵必
有大俘獲」[6]。這是多爾袞等出征蒙古得到歷代傳國玉璽不久
後的新夢，不僅說明皇太極能預卜戰爭勝利，而且也表示天命
有歸。

皇太極又常在國家有重大事件發生時，編織一些有利的國
事夢，來強化他的君權是天授的。例如在第二次打敗朝鮮以後，
在崇德二年 (1637) 六月十七日夜間，他又做了一夢：

上夜夢至興京，謁皇考太祖，太祖乘飛騎奔馳，和碩禮
親王代善追挽太祖之馬不及。上忽至明國宮內，見萬曆
帝端坐，上側立視之。萬曆帝探囊出一然縧，其總飾以
珊瑚，將欲授上，上默念明主欲與珍玩，何所不有，受

---

[5] 華文書局（輯），《大清太宗文皇帝實錄》，卷57，頁33。

[6] 中國第一歷史檔案館（編），《清初內國史院滿文檔案譯編》，上冊（北京：
光明日報出版社，1989），頁206。「札木巴」一作「詹霸」，係滿語 Jamba 同
音異譯字。

此何為？轉顧之間，忽又非萬曆帝，乃金代神像也，出
書一冊，授上曰：是汝先朝金國史書。上受視之，乃前
代之書，文字不盡可辨，欲與文臣共相商榷，執之行，
忽寤。翼日清晨，召內院儒臣，語以夢，儒臣對曰：曩
時皇上夢入朝鮮王宮，遇朝鮮王以手舉之而起，未幾，
果應所夢，臣服朝鮮，撫定其國，為我藩臣。今將告捷
於太廟，夢見太祖，是天申命於皇上，示以先兆也。至
入明宮，見明皇帝，及金人授以前代史書，蓋將代明興
起，故以曆數授我皇上也。復召和碩親王、多羅貝勒、
固山貝子、固山額真、議政大臣等，以夢語之，諸王等
對曰：夢金人授金史於皇上，可知曆數之攸屬矣[7]。

這夢不但說明「天申命於皇上」、「入朝鮮王宮」不久即「臣
服朝鮮」；同時又「至明國宮內」，當然「代明興起」之期也就
不遠了。皇太極召諸王大臣向他們述夢，顯然是想以夢說服大
家。

對於一個「天命」的皇帝來說，戰爭勝利他既能預卜，戰
爭失利他應該也能先知才對。崇德四年 (1639) 三月十九日果然
他又得一夢，第二天即召見內三院大學士范文程等人入行幄，
對他們說：「昨者夢皇考太祖，聖顏不怡，向遇此等夢境，攻取
城邑，皆不能得，今雖攻松山城，亦必難取，汝等試驗 (案：驗)
之」[8]。這一夢是否應驗了呢？在同月二十七日的《清實錄》
記事裏，我們得到了證實：「先是我兵分三路穴地，攻松山城，

---

[7] 華文書局（輯），《大清太宗文皇帝實錄》，卷36，頁10–12。
[8] 華文書局（輯），《大清太宗文皇帝實錄》，卷45，頁30。

有蒙古兵三百，自錦州來援，乘夜入城，我兵不能復穿，至是遂罷攻城之議」[9]。以上兩例都是皇太極自己解夢，自己預卜戰爭勝負，而且是料事如神，全都準確應驗。

　　崇德六年 (1641) 八月三十日，皇太極又做了一個奇怪的夢，清官書裏記為：

> 上夜夢我軍方列陣時，有一鳶鳥，自天而下，直向御前，上發二矢未中，復取大箭射中之，鳶落於軍中。又夢一青蛇，繞我軍馬足之下而行，上追視之，蛇行甚速，且有足，偶遇一鸛，以爪擊蛇之首而啄之，蛇乃不動，上奇之。因思此必能啖蛇之鳥，蛇為其威所懾，故不敢拒耳。遂覺。九月，甲戌朔，上召大學士范文程、希福、剛林等至，以夢告之，奏曰：此吉徵也，鳶似文臣，蛇為武象，意敵營文武官，非我軍所戮即有為我軍所擒者矣[10]。

　　明清在關外的最後大戰役是錦州、松山的決戰，這場大戰開始於崇德六年四月，結束於崇德七年 (1642) 三月，對明清雙方有關乎存亡的重大意義。洪承疇帶領十三萬大軍來保衛松、錦，並想藉以收復關外失地。皇太極則採取圍城不攻堅的策略，結果得到了勝利。他做此夢時正值戰爭勝負的關鍵時刻，如此一夢，相信多少有鼓舞軍心士氣的作用。

　　皇太極的夢有一個基本思想，就是君權天賦，因此他能通

---

[9] 華文書局（輯），《大清太宗文皇帝實錄》，卷45，頁31。
[10] 華文書局（輯），《大清太宗文皇帝實錄》，卷57，頁32。

曉天意來統治國家。上天當然也從夢中暗示皇太極的地位合法性，使臣民不得不向他俯首稱臣。他的君權顯然是不能侵犯的，即使別人在自己的夢裏侵犯了他的君權也不可以。天聰四年 (1630) 六月間，他整肅四大和碩貝勒之一的阿敏時，認定阿敏犯了十六條大罪狀，其中第七條是：「阿敏曾告叔父貝和齊曰：吾夢被皇考箠楚，有黃蛇護身，此即護我之神也。心懷不軌，形之寤寐」[11]。阿敏是努爾哈齊胞弟舒爾哈齊的兒子，是皇太極的堂兄。早年追隨努爾哈齊東征西討，頗有戰功，後來被封為和碩貝勒，實力很強。皇太極繼位大汗時，對他也很尊重，讓他與大汗並坐，共理國政。皇太極為集權中央，消弱旗權，首先鬥爭阿敏，找出他諸端過錯，列罪狀十六條，把他幽禁了起來，從此失掉大權。阿敏對叔父貝和齊所說的話顯然是一場帝王夢話，這與漢高祖等中國歷代帝王神龍交配或神龍保駕等大夢，有異曲同工之妙，主要目的在表達他是真龍天子。阿敏以蛇代龍，蛇為小龍，而黃色為正色，早在努爾哈齊時代就已經被視為皇家專用之色。阿敏有此一夢，皇太極當然可以把它解讀為「心懷不軌」，給阿敏加上一條心存篡奪大位的罪狀。由此可知：皇太極不但會造夢、解夢，還會巧妙的以夢來入人於罪。

　　清初檔案裏也記載了一條皇太極的人鬼通夢之事，是崇德元年 (1636) 六月初六日發生的，據說當晚：

> 聖汗（案：指皇太極）御翔鳳樓安寢，夢偕國君福晉東行，遇一衙門，汗與兄和碩禮親王之子穎親王（案：薩哈廉）同坐於衙門中。汗見穎親王，心中厭之，默念此係已故之

---

[11] 華文書局（輯），《大清太宗文皇帝實錄》，卷7，頁16。

人，我不可在此，遂還盛京城。路遇儀仗左右排列。有
一人自後追至，請曰：「穎親王乞聖汗額真賜牛一」。汗
諭曰：「既如是，賜以牛」。汗稍前行，碩托阿哥自後追
至，復曰：「穎親王令我求汗賜牛」。汗復賜牛。及覺，
乃夢也！汗以所夢問大學士希福、剛林、詹霸以及胡球。
對曰：「此夢蓋汗思念甚切所致」。汗曰：「不然。我未嘗
思之，此夢最為真切」。大學士等乃檢閱典籍，會典載：
「親王薨，初祭時，奉汗諭旨，賜一牛致祭」。諸大學士
甚奇之，議曰：「前以不知其制，初祭時未嘗用牛，汗特
夢見也」。遂以奏聞聖汗，汗甚奇之，諭部臣，備祭牛。
於六月十一日，遣官以烏牛祭穎親王，以釋其夢[12]。

薩哈廉是皇太極的侄子，在努爾哈齊死後的「諸子爭繼」
鬥爭中，薩哈廉全力支持皇太極，並說服乃父代善擁戴皇太極
登基，居功至偉。天聰年間，皇太極也對薩哈廉很好，加官晉
爵，視之為心腹。薩哈廉也沒有讓他的叔叔失望，無論是任官
或是作戰，也都表現優越，征蒙古、掠明朝、安撫歸降漢人，
提出用人主張，樣樣都做得很稱職。崇德元年(1636)正月，薩哈
廉生病時，皇太極特別派了大學士希福等人去探望他，希望他
早日病癒，並傳諭對他說將來「輔理國政，惟爾是賴」。同年五
月初八日，薩哈廉病危時，正是皇太極改元登基坐上大清寶座
一個多月之後，大臣們都認為「聖汗既受尊號，正大位，古帝
王制，不可不遵」，勸他不能去生病人家，可是皇太極不聽，還

---

[12] 中國第一歷史檔案館、中國社會科學院歷史研究所（譯註），《滿文老檔》，
頁 1497–1498。

是去探了病[13]。第二天薩哈廉病逝，皇太極再去薩哈廉家奠酒跪哭，並且「入哭者四」，由此可見皇太極對薩哈廉的英年早逝「悲慟不已」[14]。後來舉行初祭禮時，可能是禮部官員的疏忽，忘了宰牛致祭，皇太極正好利用這個機會，做了一個類似招冥的大夢，一方面表示他對忠誠支持他的人感恩，再則也說明他遵守法制的精神，當然更重要的是，他的夢顯然是無所不在，無所不管的。

皇太極的夢真是妙用多端，崇德三年 (1638) 十月十日，他又搞出一場求賢夢，藉夢境來表達自己的意願，進而美化夢境，用上天的昭示，達成其目的。這場夢是在他寫給明朝將軍祖大壽的信中提到的，皇太極對祖大壽說：「且朕之夢寐，亦時與將軍相會，未識將軍願見與否耳？昔劉、關、張三人異姓，自立盟之後，始終不渝，名垂萬禩，到今稱焉。將軍其鑒斯而速答之」[15]。祖大壽於天聰四年 (明崇禎三年，1630) 與明朝名臣孫承宗等合兵打敗八旗兵，收復皇太極占領的永平四城。第二年，他率兵守大凌河城，最後因糧盡援絕而投降後金。當時投降的除祖大壽本人外，另有他子侄五、六人及屬下軍官三十多人，一時「祖家軍」的班底全部歸降了皇太極。後來皇太極想利用祖大壽去錦州勸降其族眾與其他部下，暫時釋放了他。他卻趁機回明朝軍中服役，堅守錦州，明朝也倚重他為關外抗敵長城。

---

[13] 中國第一歷史檔案館、中國社會科學院歷史研究所 (譯註)，《滿文老檔》，頁 1457–1458。

[14] 中國第一歷史檔案館、中國社會科學院歷史研究所 (譯註)，《滿文老檔》，頁 1458。

[15] 國立中央研究院歷史語言研究所 (編)，《明清史料·丙編》，第 1 本 (上海：國立中央研究院，1936)，頁 57。

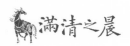

皇太極多次向他招降，這封信正是為此目的而寫的，希望與祖大壽結為像劉、關、張一樣的異姓兄弟，以「名垂萬禩」。皇太極以夢境來達成這份因緣好事，大有上天安排之意。

我們知道：皇太極的父親努爾哈齊自明萬曆十一年 (1583) 為父祖復仇起兵，三十年間，先後兼併了大部分女真部族，建立八旗制度，創製滿洲文字，成立後金汗國。其後更公開征明，歷經撫順、清河、薩爾滸山、開原、鐵嶺、遼、瀋、廣寧諸戰役，為大清皇朝建立堅實基礎。努爾哈齊確實是大清的奠基始祖，也是滿族的民族英雄。不過，他身後留下了一些問題，例如：一、他們與女真、蒙古、朝鮮、漢族的紛爭仍多，尚待解決。二、八旗制度雖然加速滿族共同體的形成，凝聚後金的力量，但是八家獨立，政治與經濟利益大家平均分配，各自對立性愈來愈強。皇太極繼承大位後只得實行四大貝勒共治，顯然政局存在著不安的因子。三、努爾哈齊仇漢政策帶來不少後遺症，如何調整、補救，也是問題。皇太極在執政期間，儘管以軍隊打敗了朝鮮，以剿撫行動與盟旗制度控制了蒙古，用「以漢制漢」的策略成功取得漢族降民降兵的向心力。然而他的做夢、解夢，也在他的文治武功中發揮了很大的作用。就以崇德二年 (1637) 六月間的一場夢來說：他夢到在興京謁見努爾哈齊，在明宮見萬曆帝，又見到祖先金代神像等等，被儒臣們解釋為「代明興起」的吉兆，正如他以前入朝鮮王宮一樣，不久便臣服了朝鮮。他用這一場夢表示他是「天意有屬」的女真、朝鮮、漢人明朝的共主，用這一場夢來向其治下的多民族表示他的合法性，說明自己是「天賦神權」（君權神授）的人。皇太極既是被授予天命的國君，他的皇權當然不容侵犯。阿敏夢到被黃蛇護

身，解釋為「心懷不軌」並無不妥，旗權亦因此被消弱，八旗制度基本精神也變質了。皇太極的解夢功能與力量，由此窺知一斑。其他如薩哈廉乞牛的夢，是鼓勵功臣繼續為他效命的。征蒙古、攻錦州等戰役的夢，則說明皇太極有能力藉夢境來預知戰爭的勝負。總之，他的夢與國事有關，而且多有助於他完成建國大業。

中國歷史上有說不完的夢故事，有人用夢來闡釋他們的人生觀與人生理想，如湯顯祖的「臨川四夢」與曹雪芹的《紅樓夢》等等。政治人物則利用夢來預言國家大事，獎懲屬下官員，甚至侈談政權更替，以成就他們的帝王事業。皇太極的夢應該屬於後者。

三 皇太極愛哭的原因臆測

　　當我們讀皇太極的史料時，主要可以看見其一生豐功偉績的簡述；如果仔細查看，還會發現在文治武功等相關紀錄之外，有不少關於他哭泣的記事。史書裏記載他哭泣的事例多於清朝其他皇帝，這一點很值得我們注意。

　　皇太極是清朝的英明君主，在整個中國歷史上，也算得上一個傑出的帝王。他建立了大清朝，一生戎馬，確是一位鐵骨錚錚的大丈夫，頂天立地的大英雄。在一般人的心目中，哭是女性的專利，男兒是有淚不輕彈的。強者不會常流淚，哭是弱者的特點。皇太極既是一位了不起的男子漢，他應該不會輕易流淚才是。可是在清初的滿漢文史書檔冊中，有關他哭的記事實在不少。他在很多場合會情不自禁的哭泣起來，而且旁若無人的哭，還會「痛哭者三」甚至「痛哭不止」。他為什麼如此愛哭呢？他的哭是真情流露還是另有作用呢？

　　皇太極在國家正式祭典上是不會哭的，只有偶爾在清明為父親掃墓時會「痛哭」[1]。對於一般有功大臣的死難，清代官

---

[1] 中國第一歷史檔案館、中國社會科學院歷史研究所（譯註），《滿文老檔》

書裏只記著某人死亡，「其子襲職」，不見皇太極有任何哀傷的
記事。可是當有些特別功臣去世時，書檔中的寫記就不同了。
例如天聰六年(1632)七月儒臣達海病卒時，《大清太宗文皇帝實
錄》（下文以《清實錄》代稱之）於該月十四日條下記：

> 遊擊巴克什達海卒，時年三十八，……自六月朔得疾，
> 至是病亟。上召侍臣垂淚諭曰：朕以達海偶爾疾病，猶
> 冀其痊愈，今聞病篤，深軫朕懷，其及身未曾寵任，朕
> 當優恤其子，爾等以朕言往告之。因賜蟒緞一、緞二，
> 令侍臣齎往達海所[2]。

達海是一位「文詞敏贍，居心醇厚，識解聰明」的儒臣，
通曉滿漢文義，在努爾哈齊時代就是負責後金與明朝、朝鮮的
往來書信。後來他又從事《通鑑》、《六韜》、《孟子》、《三國志》
等書的翻譯，對清初的外交事務以及「一代文明之治」，確實有
不少貢獻。

又如天聰七年(1633)七月和碩圖卒，皇太極也親臨其喪，
「痛哭之」[3]。和碩圖是努爾哈齊從龍五大臣之一——何和里
的兒子，他又娶了皇太極長兄代善的女兒。天聰年間，和碩圖
帶兵征明，「奮勇先驅，以功加一等，至五備禦」，可算是功臣

（北京：中華書局，1990），頁1232–1234，記：天聰六年(1632)二月初九
日「汗率諸貝勒、大臣至先汗陵焚楮錢奠祭。……臨祭，汗痛哭」；十七日
「清明祭墳，汗痛哭」。

[2] 華文書局（輯），《大清太宗文皇帝實錄》（臺北：華聯出版社，1964），卷
12，頁14–15。

[3] 華文書局（輯），《大清太宗文皇帝實錄》，卷14，頁34。

兼皇親。第二年，正黃旗固山額真一等總兵官欏額禮病死，清朝官書中又記：「上欲臨其喪，諸貝勒勸勿往，上不允，遂親臨之，酹酒者三，哭之慟。大貝勒代善，及諸貝勒大臣，皆隨行，駕旋，不入宮，設幄於丹墀，坐而歎息，漏下一皷（案：鼓），始入宮」[4]。欏額禮死後一年多，皇太極有一次巡幸到瀋陽北山，途經欏額禮的墳地，他特別「下馬，詣墓前，以金杯酌酒，奠而痛哭之」[5]，皇太極對元老重臣的禮敬與情深是歷代君臣關係中少見的。

天聰八年 (1634) 八月，禮部承政巴都禮在征明途中，陣亡於王家莊戰役，二十一日皇太極聞訊，立即罷飲，然後說：「此朕舊臣，効力多年，致命疆場，深可惜也」，並「為之泣下」。第二天，皇太極與諸貝勒說到巴都禮的死事，大家都「欷歔泣下」[6]。

皇太極的心腹臣工中，以揚古利戰死朝鮮最令他傷心。崇德元年 (1636) 底清朝決定發大軍再度征討朝鮮，由皇太極親征，揚古利是重要的帶兵大將之一，不幸於第二年正月初一日，在漢城附近的南漢山城一役中被鳥槍擊中，不治身亡。揚古利「凡在行間，率先破敵，克建奇勳，於國家宣力為多」，皇太極見他屍體之時，「哭之慟，羣臣屢勸不止」，這是皇太極唯一一次淚灑國外。後來他「親臨其喪（案：表），奠酒，賜御服黑貂裘套帽韝，殮之，仍哭不止」[7]。皇太極死後，揚古利移葬昭陵之旁，

---

[4] 華文書局（輯），《大清太宗文皇帝實錄》，卷 17，頁 7–8。

[5] 華文書局（輯），《大清太宗文皇帝實錄》，卷 23，頁 6。

[6] 華文書局（輯），《大清太宗文皇帝實錄》，卷 19，頁 35。

[7] 華文書局（輯），《大清太宗文皇帝實錄》，卷 33，頁 6–7。

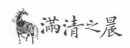

讓他永伴皇太極，更可見他們君臣親密關係之一斑。

　　還有兩則皇太極因屬下死亡而哀痛哭泣的事例值得一述。一次是天聰元年 (1627)，後金八旗勁旅打敗了滿桂所率領的明兵及密雲的守軍，但己方損失也很慘重。皇太極下令「刲八牛祭纛。以戰中所俘獲人口馬匹，悉賞陣亡將士」，他並「親臨陣亡遊擊拜三、備禦巴希喪，酹酒哭之」[8]。遊擊、備禦不是高官，巴布也不是他的寵將，這次哭顯然真情的成分不多。另一次是阿敏棄守永平等四城，後金兵吃了大敗仗之後。《清實錄》記天聰四年 (1630) 六月甲寅 (初三) 日：「以鎮守永平諸將敗歸，自總兵官以下，備禦以上，俱繫之，命集眾官於庭，率之而入。上見之，念及士卒陷於敵人，惻然淚下」[9]。這次流淚固然與陷敵被殺的八旗兵丁有關；但多少是責備存活歸來的將士，特別是為歸咎於統帥阿敏不負責而哭的，又是一次含有政治與軍事目的的哭。

　　皇太極很重視滿蒙關係，特別是與蒙古有結親的那些家族與部落，這些人家有喪事，他都少不了一哭。天聰六年 (1632) 九月初五日，蒙古科爾沁國主奧巴的訃聞傳到後金，皇太極穿著素服，在東門廊下流淚說：「傷哉！往者臨陣，土謝圖額駙，每獨當一面，長於謀議，政事多所裨益，倚毗方殷，胡遽溘逝也」[10]。奧巴的稱號是「土謝圖」，曾娶皇太極家族女，所以有「額駙」之稱。他在後金征討察哈爾蒙古的戰役中衝陣先入，頗得皇太

8　中國第一歷史檔案館、中國社會科學院歷史研究所（譯註），《滿文老檔》，頁 855。

9　華文書局（輯），《大清太宗文皇帝實錄》，卷 7，頁 8–9。

10　華文書局（輯），《大清太宗文皇帝實錄》，卷 12，頁 24–25。

極讚賞，因此他的死亡令皇太極感嘆的說：「如此良臣，何可再得！」

崇德六年 (1641) 正月二十三日，察哈爾蒙古來降的和碩親王額哲孔果爾病卒。皇太極得悉死訊後，「慟悼，欲臨其喪，內院諸臣諫，不從。諸王貝勒諫，亦不從。上遂親往，皇后偕諸妃俱隨往，慟哭而還」[11]。

無論是奧巴或是額哲孔果爾，都是與皇太極宗族結為姻親的蒙古領袖，他們除各有實力之外，在各自部落以及蒙古諸部中皆有號召力，皇太極對他們的死哀傷痛哭，相信不全是真情抒發。

皇太極真情流露的哭多是發生在他的宗族親人身上。儘管如此，仍然有程度上的不同。現在我舉一些例子，略述如下：

天聰三年 (1629) 閏四月二十三日，李永芳的妻子去世，滿文檔冊中記：「汗往祭奠撫順格格，慟哭三次，於焚楮時還宮」[12]。同月二十七日，該檔冊中又記：「格格即李永芳額駙之妻亡故，時汗及諸貝勒台吉等，皆往慟哭，出殯前還」[13]。李永芳原是明朝派駐撫順的守將，努爾哈齊攻打撫順時，李永芳不戰而降，努爾哈齊為招來降人，便將第七子阿巴泰的女兒嫁給了李永芳。因此李永芳有「撫順額駙」的稱謂，而阿巴泰的女兒就稱為「撫順格格」。皇太極是這位格格的八叔，且阿巴泰一度很巴結皇太

---

[11] 華文書局（輯），《大清太宗文皇帝實錄》，卷54，頁12。

[12] 中國第一歷史檔案館、中國社會科學院歷史研究所（譯註），《滿文老檔》，頁933。

[13] 中國第一歷史檔案館、中國社會科學院歷史研究所（譯註），《滿文老檔》，頁934。

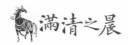

極，其女兒亡故當然得哭了。加上為了籠絡漢人降將，「慟哭三次」是有必要的。

皇太極生前也有些侄子輩的人物去世，多是兄長代善家的兒子，他也為他們哭了，但傷心的程度各有不同。

天聰五年 (1631) 六月，代善第五子巴喇瑪患痘疾卒，清官書對當時情形之記述如下：

> 上與代善，暨諸貝勒，恐染時氣，皆未臨喪。上從避痘所，欲往慰代善，代善聞之，再三遣人請止，曰：聖躬關係重大，臣民仰賴，蒙上溫慰，我安敢不節哀，無煩車駕親臨也。上曰：死生在天，何關於此。朕不可不往，遂命駕。代善聞之，親候駕於十里外。上至，見兩人掖代善立候，上不勝傷悼，嗚咽流涕[14]。

代善是皇太極兄弟輩中健存的最年長者，他與皇太極為同父異母的兄弟，努爾哈齊病逝後，代善支持皇太極繼承汗位，皇太極對他很感恩。此次巴喇瑪出天花病死，皇太極仍走出避痘所來慰問兄長，並「嗚咽流涕」，多少是與這些政事背景有關的。

代善的另外兩個兒子岳託與馬瞻，在崇德四年 (1639) 征明的戰役中病故，消息傳來，「上慟哭久之」，並「輟飲食者三日」[15]。岳託是代善的長子，在努爾哈齊病死，大位人選未定時，他與三弟薩哈廉二人商議，決定支持皇太極。他們便向父親代善說：

[14] 華文書局（輯），《大清太宗文皇帝實錄》，卷9，頁8。

[15] 華文書局（輯），《大清太宗文皇帝實錄》，卷45，頁21–22。

「國不可一日無君，宜早定大計。四大貝勒（案：皇太極）才德冠世，深契先帝聖心，眾皆悅服，當速繼大位」[16]，代善後來同意他們的建議，一起支持皇太極繼承為後金國汗。岳託有擁戴之功，天聰年間又因征朝鮮有功，招撫明朝降人，頗得皇太極讚許，奉命主管兵部；崇德元年 (1636) 被封為和碩成親王，三年 (1638) 為揚威大將軍，統兵征明，病死軍中。皇太極為這位侄兒的死除痛哭、輟食三日之外，當岳託、馬瞻兄弟的屍體運回遼東時，他在沙嶺堡邊外五里地方，又聽到吏部官員的有關報告，《清實錄》裏記：

> 上哭之，下馬，席地坐，和碩禮親王代善痛哭，下馬仆地，上哭良久，復上馬，謂代善曰：此非可久駐之所也，觸目傷心，無往非慟，姑且還家哭之。因命左右扶代善上馬，上且哭且行，代善復哭，仆於馬下，上立馬以待，令二人扶掖乘馬而行，駕至沙嶺堡，諸王貝勒，道旁跪迎，上下馬，入御幄中，坐而痛哭，以茶酒遙奠岳託[17]。

岳託的死令皇太極哭而再哭，其間的感情是十分複雜的。

與岳託首倡支持皇太極繼承大位的薩哈廉，在得病與死亡前後，皇太極都非常關切，後來病重不治時，愛哭的皇太極當然又流了不少眼淚。關於此事，史料裏記載得很詳盡：天聰十年 (1636) 正月十七日，皇太極派了儒臣希福、剛林等人去探視薩哈廉的病，並轉告他皇帝要他快點好起來，非常關心他，還說：

---

[16] 華文書局（輯），《大清太宗文皇帝實錄》，卷 1，頁 4。

[17] 華文書局（輯），《大清太宗文皇帝實錄》，卷 46，頁 3。

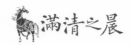

「輔理國政，惟爾是賴」。薩哈廉很感動，也請希福等人回報皇
帝：「今蒙汗主如此眷顧，且以善言撫慰」，「倘若得生，唯圖竭
力報效而已」，皇太極聽了這些話，感到「惻然」[18]。同月二十
七日，「汗往視禮部貝勒薩哈廉疾，見其羸瘦，愀然淚下。薩哈
廉亦悲痛垂涕」[19]。同年五月初八日，薩哈廉病情惡化，親王
大臣都阻止皇太極去病人家中，因為一個多月前剛改元崇德，
建立大清國，按古制人君「無枉駕親臨之例」。可是皇太極則以
為「諸兄弟之子皆視我如父，我亦視之如子，子有故，父不往，
可乎?」因此他第二天一早就去了薩哈廉家：

> 入坐頃刻，薩哈廉貝勒薨，汗悲慟不已。諸王力勸乃出，
> 坐庭未幾，復又跪哭，奠酒三觶，慟哭不止。禮兄親王
> 勸汗出，跪請還清寧宮，不允，入哭者四，悲慟不已。
> 諸王與固山額真等跪勸曰：「聖汗至此已久，茲宜還清寧
> 宮」。午刻還清寧宮，猶不入室，於庭中設團帳房坐，茶
> 水不進。禮兄親王聞之，遣昂邦章京阿山，……奏言：
> 「……我已飲茶水，請汗入清寧宮」。聖汗從其言，於戌
> 刻還清寧宮，輟朝三日[20]。

五月十九日，薩哈廉初祭禮時，滿文檔冊裏又記：

---

[18] 中國第一歷史檔案館、中國社會科學院歷史研究所（譯註），《滿文老檔》，
頁 1369–1370。

[19] 中國第一歷史檔案館、中國社會科學院歷史研究所（譯註），《滿文老檔》，
頁 1371。

[20] 中國第一歷史檔案館、中國社會科學院歷史研究所（譯註），《滿文老檔》，
頁 1457–1459。

初祭薩哈廉貝勒。時備辦塔、塔子、樓子、佛光、幡、紙錢、紙錁等一應祭物，四周懸掛畢。聖汗及諸王、文武各官皆往，班列兩側畢，汗跪，奠酒三杯，慟哭益甚。聖汗及諸王大臣等皆跪，令宣讀冊文，追封薩哈廉貝勒為和碩穎親王。……請出尸位，安放床上畢，聖汗復跪痛哭，舉酒三奠，入哭者四、五次。時預祭眾人無不哭者[21]。

皇太極並不是對所有皇室成員的死亡都是如此悲傷、痛哭不止的，天聰六年 (1632) 底他的三兄和碩貝勒莽古爾泰死亡時，清官書裏的紀錄就有些不同了。《清實錄》十二月初二日條下記：

先是二日，上第三兄和碩貝勒莽古爾泰，偶得微疾，是日辰刻，疾篤，上率諸貝勒往視，未刻，上與大貝勒代善還，留諸貝勒大臣守視，至申刻，貝勒薨，……上與諸貝勒，及眾妃等，往哭之[22]。

莽古爾泰的弟弟德格類在天聰九年 (1635) 十月去世時，《清實錄》裏也只記寫：「德格類，上之弟也，上聞之痛悼，欲親臨其喪，諸貝勒勸止，不從，往哭之慟」[23]。

莽古爾泰和德格類與皇太極是同輩兄弟，他們的死顯然不

---

[21] 中國第一歷史檔案館、中國社會科學院歷史研究所（譯註），《滿文老檔》，頁 1471–1472。

[22] 華文書局（輯），《大清太宗文皇帝實錄》，卷 12，頁 39。

[23] 華文書局（輯），《大清太宗文皇帝實錄》，卷 25，頁 25。

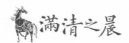

如岳託、薩哈廉兄弟受到皇帝重視，令皇帝傷心欲絕。這種程度上的差異，當然是他們彼此間親密關係不同所致，而其親密關係乃是建立在功利上，而非建立在親情上。

　　無論是撫順格格，或是岳託兄弟，皇太極雖對他們的死表現了悲傷，痛哭再三、再四，但多少給人一種感覺，即皇太極的哭不是純真感情的流露，而是雜有政治的多重作用與目的。而皇太極宣洩真感情的哭，則透現在其愛妾宸妃的死事中，那真是「兒女情長」的哭。我個人一直是如此想的。

　　皇太極的妻妾很多，目前因資料不足未能確實統計，但為他生育過兒女的妻妾共有十五人，他們後來都加封名號。十五人中以正宮后妃最為有名，他們清一色是蒙古人，這是因為當時流行政治婚姻，且滿族重視聯絡蒙古部族的結果，宸妃就是正宮五后妃之一。

　　皇太極建立大清國之後，為了進一步漢化，「打點皇帝之規模」，在瀋陽也將他的愛妾封為正宮后妃，即中宮清寧宮皇后哲哲、東宮關雎宮宸妃海蘭珠、西宮麟趾宮貴妃那木鍾、次東宮衍慶宮淑妃巴特瑪·璪、次西宮永福宮莊妃布木布泰（即後世著名的孝莊皇太后）。宸妃海蘭珠與皇太極的婚姻最富戲劇性，他是中宮皇后的侄女，也是永福宮莊妃的親姊姊，他們三人同來自科爾沁蒙古。據說海蘭珠以知書文靜出名，皇太極也因此娶他為妃。海蘭珠嫁給皇太極時已經二十六歲，在當時滿蒙社會裏算是「高齡新娘」（滿族社會女子十一、二歲即可婚嫁）。崇德元年(1636)，皇太極當了大清的皇帝，把海蘭珠所居的宮殿定名「關雎宮」，取《詩經》中「關關雎鳩」名句，也十足說明皇太極對他的深厚愛情。他曾為皇太極生過一男，可惜在崇德三年(1638)，

僅兩歲時便早殤了，這件事令他們夫婦悲傷至極，宸妃也因此在不久後得病，終致身亡。他與皇太極的婚姻生活只有七年，死時僅三十三歲。

　　宸妃與皇太極一直恩愛的住在瀋陽宮中，崇德六年 (1641)，明朝為了抗禦清兵入侵，指派洪承疇等率領十三萬大軍，到關外的松山、錦州一帶與清兵作一次生死存亡的大戰。清兵前線部隊感到吃緊，急報皇太極請求增援。皇太極乃於八月間親率大軍前去應戰。正在雙方戰事緊張之際，九月初二日瀋陽來了急報稱「宸妃有疾」，皇太極聞訊後，立即布署包圍錦州、松山、杏山的人馬。十三日便不顧一切「車駕啟行，還盛京（案：瀋陽）」。十七日凌晨離瀋陽不遠處得到宸妃病篤的急報，他漏夜趕入皇宮，但為時已晚，宸妃已仙逝了。皇太極奔入關雎宮，「宸妃柩前，悲涕不止」。這次皇太極的悲痛，非同小可，令「大小臣工，不能自安」，恭勸皇上「勿為情牽，珍重自愛」。到了二十三日，皇太極「飲食頓減，聖躬違和」，王先謙的《東華錄》裏甚至說：「上居御幄，朝夕悲痛，是日午時，忽昏迷，言語無緒」，情況十分嚴重[24]。後來皇太極雖然「自知過於悲悼」，並說：「從今當善自排遣也」[25]，可是到同月二十九日初祭宸妃時，皇太極更是傷心，清代官書裏沒有詳記當日的情形，細心的朝鮮人寫下了他們在瀋陽的親身見聞：

　　　帝往北郊夫之（案：夫之為福金之音轉，滿文貴婦、后妃意）殯

---

[24] 王先謙，《東華錄》，收入：續修四庫全書編纂委員會（編），《續修四庫全書》，第 369 冊（上海：上海古籍出版社，1995），崇德 6，頁 14。

[25] 華文書局（輯），《大清太宗文皇帝實錄》，卷 57，頁 35–39。

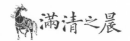

所，行大完欽……完欽處則設帳幔於野中，環簟作墻，造紙屋、紙塔，以五色紙為綵繒、綵錢、綵礡、綵花等物，極其豐侈，費至萬金云。僧道巫覡雜沓如祈祝之狀。汗大加悲慟，歸路哭泣不止矣[26]。

　　十月十三日，《清實錄》中記：「上以宸妃薨逝，追悼不已，諸王貝勒等，奏請出獵，以慰睿懷，上允之。是日卯刻，往獵於蒲河」。十七日，「上回鑾，過宸妃殯所，哭之」[27]。朝鮮人寫的《昭顯瀋陽日記》也記了回鑾的事，說殯所是「新造大屋，纔蓋瓦，高墻、廣庭、門廊、齋室工役猶未畢，庭內設壇幕為祭所，汗入奠酹，哭甚哀，其左右悲動」[28]。同年十月二十七日皇太極冊封宸妃為「元妃」，諡曰「敏惠恭和」，年底又按期舉行月祭。崇德元年 (1636) 元旦，皇太極「以敏惠恭和元妃之喪，免朝賀」。二月初三日，皇太極出獵團過元妃殯所，再以茶酒致祭，清官方資料中沒有提到他哭泣的事，但《昭顯瀋陽日記》裏則說他「入廟門，即放聲大哭，哭聲聞於外，良久乃止」[29]。

　　皇太極對宸妃海蘭珠之死，實在是哀痛逾恆。他除了祭奠痛哭之外，元旦也免行朝賀禮，這已是公私不分。他的悲痛許久不能平息，至崇德七年 (1642) 五月初五日賞明朝重要降臣洪

[26] 《昭顯瀋陽日記》，收入：林基中（編），《燕行錄全集》，第 25 冊（首爾：東國大學校出版部，2001），辛巳年九月二十九日壬寅條。

[27] 華文書局（輯），《大清太宗文皇帝實錄》，卷 58，頁 7–8。

[28] 《昭顯瀋陽日記》，收入：林基中（編），《燕行錄全集》，第 25 冊，辛巳年十月十七日己未條。

[29] 《昭顯瀋陽日記》，收入：林基中（編），《燕行錄全集》，第 26 冊（首爾：東國大學校出版部，2001），壬午年二月初三日癸卯條。

承疇、祖大壽時，他未出席參加，只命范文程等轉告「今日未服視朝衣冠，又不躬親賜宴，非有所慢於爾等也，益（案：蓋）因關雎宮敏惠恭和元妃之喪，未過期故耳」[30]。

另外，同年七月初三日，皇太極處罰了一個叫索海的承政官，革職解任，又沒收了他一半的奴僕，賜給護軍統領圖賴，並且還負氣的說：索海「既耽於逸樂，嗣後不必至篤恭殿及大清門前，任爾家居自娛可也」。索海為什麼受到如此重罰，則是因為他在宸妃之喪時，「擅令祖大樂俳優至帳內，吹彈歌舞」的緣故[31]。由此更可看出皇太極對宸妃的摯愛忘情。

皇太極雖是鐵漢男兒，但他畢竟是人，凡人理應有情感，遇到傷心處一定會流淚。如果我們再深入探究他對宸妃的哭，似乎還可以了解他幾次哭泣的不同內涵。當他趕回瀋陽，發現宸妃已死，他震驚的哭了一次。後來六天不進飲食，必然想到他與宸妃朝朝暮暮的相處情景，令他悲痛「昏迷」，以致他在初殯時「大加悲痛，歸路哭泣不止」。之後打獵經過宸妃殯所時，他睹物思人，更是情不自禁的「放聲大哭，哭聲聞於外，良久不止」，這是悲痛至極的表現。

至於他對大臣將士以及蒙漢姻親，甚至部分宗室成員的哭，我個人以為那不完全是他單純的感情發洩，而是具有一定理性色彩，具有一定政治意味的。野史裏說劉備愛哭，而他的哭能為他娶得孫吳貴女、占有荊州。諸葛亮「柴桑弔孝」大哭，感動了仇恨他的周瑜部下，甚至扭轉很多孫吳人士對他的印象，反說「公瑾量窄，自取死耳」。劉備與諸葛亮都是皇太極崇拜的

---

[30] 華文書局（輯），《大清太宗文皇帝實錄》，卷60，頁24。

[31] 華文書局（輯），《大清太宗文皇帝實錄》，卷61，頁26。

人，皇太極在理政時常以《三國演義》為寶典，哭的伎倆有何不能仿效呢？

　　總之，皇太極的哭，不論是感性或理性的，都無損於他的事功地位，相反地，更能增添後人對他的親敬。他既然是一位自然人，是一位性情中人，感情豐富也是必然的。

滿洲文史料與清初歷史研究

　　清朝是滿洲人建立的，「滿洲」這個民族稱號在中國早期的歷史上沒有出現過，直到明朝末年才被遼東地區一個女真部落用來自稱為族名。雖然「滿洲」稱號始用於明代，但此一民族在遼東地區存在的歷史已經很久；中國史書裏也記載很多他們的活動，其中還包括金朝之建立，故該族可以說是東北亞洲史上的要角之一。

　　滿洲族人及其祖先是阿爾泰語系南支的一族，他們原先只有通用的語言，沒有文字，甚至在契丹文通行很久之後，他們仍「刻箭為號」[1]。直到女真人建立金朝時，金太祖才命令儒臣依漢字楷書，照契丹字的製法，作成女真大字[2]。後來金熙宗時又添製女真小字，使女真文字更形完備，此後史書上也常

---

[1] 馬端臨，《文獻通考》，收入：《景印文淵閣四庫全書》，第 616 冊（臺北：臺灣商務印書館，1983），卷 327，頁 11，記：「諸部賦欲調發，刻箭為號，事急者三刻之」，顯見當時尚未有文字。

[2] 陶宗儀，《書史會要》（上海：上海書店，1984），卷 8，頁 2，述及金太祖：「命希尹撰本國字，希尹乃依倣漢人楷字，因契丹字制度，合本國語，製女真（案：女真）字」。

見女真人有文字的記述，而碑碣亦有用女真文刻成的。可惜不久之後，蒙古興起，不只消滅金朝，也消滅了女真文字。因此，到了明末滿洲崛興時，部族中雖有語言，卻無通行文字，且因受蒙古統治多年，大家已然習用蒙古字。清太祖努爾哈齊創建龍興大業，與漢人及蒙古通書時，都分別用漢字與蒙古字，直到明萬曆二十七年 (1599)，努爾哈齊才命令大臣額爾德尼等人，倣效蒙古字形，編成滿洲文字[3]。由於新創的滿洲文字是由蒙古文字脫胎而來，在外形上很像蒙古字，早年還借用不少蒙古字彙，這種文字與金朝以漢文外形創造的女真字，大不相同。努爾哈齊的繼承人清太宗皇太極，發現初創的滿洲文字在發音與外形上有些缺陷，乃於後金天聰六年 (1632) 命儒臣進行改良，在字形上加以圈點，並增加拼音字母，使字形與聲韻都清楚易辨，不致混淆[4]。清太祖時新創的滿文，一般稱為「老滿文」，或「沒有加上圈點的滿文」；清太宗時改良後的滿文，則被稱為「新滿文」，或「加上圈點的滿文」。

　　自從滿文創造以後，滿洲部族中就開始應用這種文字。在努爾哈齊等人大力提倡下，不但「八旗牛彔之淵源，賞給世職之緣由」等等都用滿文記檔，重要政治領導人的談話、命令以及當時族中的軍政大事，也都被寫在文獻之中。甚至連鑄錢、碑銘、印信等也用滿文。為了讓滿洲貴族了解「治平之道」，清太宗時代更以滿文翻譯漢文的經史雜家古籍。在部族裏，滿文

---

[3] 《大清太祖武皇帝實錄》，收入：續修四庫全書編纂委員會（編），《續修四庫全書》，第 368 冊（上海：上海古籍出版社，1995），卷 2，頁 1。

[4] 華文書局（輯），《大清太宗文皇帝實錄》（臺北：華聯出版社，1964），卷 11，頁 19。

身價高升，也因此留存下為數至夥的滿文書檔。

　　努爾哈齊時代曾以老滿文撰寫完成二十大本檔冊，後人用《滿文老檔》、《老滿文原檔》、《舊滿洲檔》或《滿文原檔》等不同名字稱呼它們。這批檔案之記事起於後金天命建元前九年（明萬曆三十五年丁未，1607），迄於後金天命十一年（明天啓六年丙寅，1626），前後歷時二十年。皇太極繼任大汗之後，仍然命令儒臣「榜什在書房中日記，皆係金字」[5]，「金字」就是後金政權的通行文字，也就是滿洲文。加上皇太極傾心漢人文化，下令翻譯過不少漢文書籍，因此在他統治的天聰與崇德兩朝十七年之間，製作成的滿文書檔數量，遠遠超過他父親努爾哈齊的時代。

　　滿洲人入主中國之後，雖然典章制度都襲取明朝，但是初期的滿洲君臣多「不解漢語」、「不識漢字」，加上他們怕固有文化在入關後被消滅，因而清初有很多文件都是滿文的，像皇帝的敕諭、八旗的文移、內外滿洲官員的奏章、司道知府的考績單、逃人的名冊、祭孔祝文、內外衙門的印信以及宮殿、重要場所的碑碣銘文等都是用滿文，或是滿漢兼書。清初帝王為保存滿洲自己的文字，又特別要求凡是國家重要的文獻檔冊，必須滿漢並用，而這一政令直到清末仍然有效。由此可知，清朝留下的滿文史料，實在浩如烟海，不是汗牛充棟足以形容。

　　本篇略舉數例，來說明滿文史料對清史研究的重要性。

　　第一，滿文史料可以幫助我們了解一些清史中的特殊專門名詞。

　　如前所述，遼東滿洲人是女真的後代，又受蒙古人統治多

---

5 羅振玉（編），《天聰朝臣工奏議》，收入：羅振玉（編），《史料叢刊初編》（臺北：文海出版社，1964），奏上，頁45。

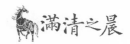

年，他們部族裏的文化當然會受到影響。而女真與蒙古又與漢族有不少接觸，文化交流與取借之處當然不能避免，所以在高層人士的尊號、官銜、職稱上，仍可以看出相當多的遺痕，例如：

一、貝勒 (beile)

一部的首領，是金朝「孛菫」、「孛亟烈」一詞的同義異譯，當時部落酋長通用的尊號。努爾哈齊興兵時也以「淑勒 (sure) 貝勒」為稱，淑勒意為「聰睿」。努爾哈齊改稱大汗後，子侄們也多以「貝勒」為稱。

二、貝子 (beise)

在清初史料中，「貝子」是「貝勒」的複數，即「貝勒們」。清太宗時代演變為封爵中的一個等級，因此《清文彙》中有清代爵號的解釋，《清會典》更有「貝勒子，封貝子」的說法。但在《滿文老檔》中都作「眾貝勒」解，就像 jui（兒子）的複數 juse（諸子）以及 age（阿哥）的複數 agese（眾阿哥）一樣。日本學者田村實造寫過一篇〈大金得勝陀頌碑研究〉的文章，記說女真語裏有「背塞」一詞意為「背勒」的複數[6]，這也可以證明「貝子」一詞源於女真古語。

三、額真 (ejen)

漢文中又譯寫為額巾、厄真、阿真，作「主子」解。努爾哈齊初建八旗軍制時，史料裏提到女真人「凡出兵校獵，不計人之多寡，各隨族黨屯寨而行。獵時，每人各取一矢，

---

[6] 田村實造，〈大金得勝陀頌碑研究（上）〉，《東洋史研究》，2.5（京都，1936）：頁 28。

凡十人，設長一領之，各分隊伍，毋敢紊亂者，其長稱為牛彔額真」[7]。在滿人入關前，凡奴僕對家主，臣民對君王，都可以稱為「額真」。皇太極建大清帝國後，改額真二字為章京，但實官仍以額真為稱，如固山額真（gūsai ejen 旗主），似有專制集權意味。雍正時為加強君權，更明令禁止臣下濫用「額真」二字，改固山額真為固山昂邦（gūsai amban），意為「八旗大臣」[8]，額真一詞從此為皇上專用，以示民無二主，皇上是唯一主子。

四、哈番 (hafan)

漢文意為「官」，有頂戴者。楊賓《柳邊紀略》記：「寧古塔滿語有爵而流者曰哈番。哈番者，漢言官也。而遇監生、生員亦以哈番呼之，蓋俗以文人為貴」。哈番應是女真族固有的專稱。

五、巴圖魯 (baturu)

又譯為「把土魯」、「巴兔魯」，意為「勇士」、「英雄」。這是賜號，凡武勇有戰功的常賜號為巴圖魯，以示恩榮光寵。這個稱號是從蒙古借用而來，在《元史》裏我們早就看到有「拔都」、「拔都魯」、「八都兒」等等稱號的武勇傑出人士。努爾哈齊時代即有額亦都、依拉喀等「巴圖魯」。後世清代又有加上封號名稱的巴圖魯，如封蒙古貝勒滿朱習禮為多羅巴圖魯郡王。清中期以降更有作諡號用的，漢文意

---

[7] 華文書局（輯），《大清太祖高皇帝實錄》（臺北：華聯出版社，1964），卷3，頁6。

[8] 華文書局（輯），《大清世宗憲皇帝實錄》（臺北：華聯出版社，1964），卷9，頁18。

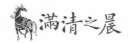

義為「勇」。

六、巴克什 (baksi)

漢譯又作巴克式、榜什、榜式、幫實等，指有學問之人，有稱儒者的。努爾哈齊時代有多人以巴克什為稱，是賜予文臣的一種美號；如巴克什阿林察等辦外交，巴克什額爾德尼等造滿洲文字，皇太極時代巴克什達海譯漢文書籍等。案巴克什一詞係漢語「博士」之音譯，由蒙古人先採用，滿洲又從蒙古借來。天聰五年 (1631) 七月，改巴克什為筆帖式[9]，先前賜名仍為美號用之。

七、台吉 (taiji)

借自蒙古語，而蒙語「台吉」又由漢語「太子」音譯而來，原本是蒙古貴族的一種稱號，成吉思汗時，只用於皇子，後來逐漸成為成吉思汗後裔的通稱。清初滿洲及其他女真部族，多有借取「台吉」一詞而作高階上層領導人之用的，汗及貝勒的子孫授以台吉之號。後又以台吉作為對蒙古、回部首領封爵之用，幾無「太子」一詞之意了。

八、福晉 (fujin)

又作福金、夫金，是漢語「夫人」一詞的音譯。努爾哈齊時代，後宮主位稱福晉，如皇太極、多爾袞生母都稱過大福晉。皇太極繼承汗位後，因仿明制，改採皇后、貴妃等名號，又規定親王正室封親王福晉、世子正室封世子福晉、郡王正室封郡王福晉等。在王公福晉中，也有大小福晉之別。

---

[9] 蔣良騏，《東華錄》，收入：續修四庫全書編纂委員會（編），《續修四庫全書》，第 368 冊（上海：上海古籍出版社，1995），卷 2，頁 14。

　　以上是一些專門名詞的簡要說明，如果我們想要作深一層了解，還可以看出滿洲舊俗與他們固有文化的不同層面。以上面提到的「巴圖魯」為例，我們知道這名詞是賜給武勇之人的一種稱號。事實上，這一稱號還有通稱與專稱的不同。通稱就是一種單純的「勇」號，專稱則有更深一層的用意。像「額亦都巴圖魯」、「依拉喀巴圖魯」中的「額亦都」、「依拉喀」是人名，這是指額亦都、依拉喀等人被賜予勇號，被稱為勇士，這是通稱。另外還有些叫「青巴圖魯」、「洪巴魯」、「穆克譚巴圖魯」和「碩翁科羅巴圖魯」，「巴圖魯」勇號之前的字不是這些人的本名，而是另有意義的字彙，用以表彰這些人的武勇功蹟：例如「青」(cing) 是蒙古語「誠實」；「洪」(hong) 是「天鵝」；「穆克譚」(muktun) 是「鼬鼠」或「鼴鼠」，「碩翁科羅」(songkoro) 意為「海東青」（一種名鵰）。這些不以人名為稱，而是用來代表因特殊功勞而取得的尊號。

　　根據清初滿文檔案，專稱的巴圖魯似乎還有幾點特性，值得我們注意：

一、　一個人如果得到了專稱的巴圖魯賜號，這個賜號就可以代表這人的姓名。在清初的史料中，即有只記人物賜號而不提其本名的情況。例如，在《滿洲實錄》裏只須寫記「青巴圖魯」(cing baturu)、「洪巴圖魯」(hong baturu) 等名號，就不再提到他們是努爾哈齊的幼弟穆爾哈齊、長子褚英，他們的姓名根本不須寫記。

二、　由於專稱的巴圖魯有上述作用，所以在同一時代中，不能有兩個人用同一個專用賜號，以免混亂。像「碩翁科羅巴

圖魯」稱號，在擁有此稱號之人仍在世的時候，就不能有第二人獲此稱號。因此努爾哈齊統治期間，只有一個叫費揚古的人稱「碩翁科羅巴圖魯」，他死後，到皇太極統治的天聰年間，史料裏才出現另一位名為勞薩的人獲此尊號。

三、一個人如因戰功等獲得一個新的而且更好的賜號時，舊賜號可以不再使用。例如努爾哈齊的長子褚英，原先已得到「洪巴圖魯」賜號，後因征烏拉部有大功，改賜號為「阿爾哈圖土門」，從此「洪巴圖魯」就不屬於他了。「阿爾哈圖土門」(argatu tumen) 中的 arga 在滿語裏解釋為「計謀」、「謀略」；tu 是「人」或「者」，tumen 原是百千萬的「萬」字，也可以作「多」的、「很多」的講，所以 argatu tumen 合起來就是「計謀多端的人」（這也是日後褚英被稱「廣略貝勒」的原因）。褚英在征烏拉一役中籌劃成功，因而獲得此一稱號[10]。

前面提到「碩翁科羅巴圖魯」這個人，我們如果多翻翻清初的官書檔案，還可以發現一些更有趣的問題，有助於我們進一步了解滿洲舊俗。《大清太祖高皇帝實錄》癸未年（明萬曆十一年，1583）八月有一條記事說：

> 上（案：指努爾哈齊）部将碩翁科羅巴圖魯安費揚古，及巴遜，率十二人追及之，奮勇突入，敗哈達兵，殺四十人，復獲所掠而還[11]。

---

[10] 華文書局（輯），《大清太祖高皇帝實錄》，卷3，頁9–12。

[11] 華文書局（輯），《大清太祖高皇帝實錄》，卷1，頁15。

有關這件事在《大清太祖武皇帝實錄》裏則記載為：

> 太祖部將雄科落把土魯、巴宗，領十二人，追至其處，突然而入，敵兵遂敗，殺四十餘人，盡獲所掠而回。雄科落初名諳班哥，因其英勇超眾，故名雄科落把土魯[12]。

《滿洲實錄》的漢文部分則作：

> 太祖部將碩翁科羅巴圖魯、巴遜領十二人，追至其處，突然而入，敵兵遂敗，殺四十餘人，盡獲所掠而回。碩翁科羅初名諳班偏格，因其英勇超眾，故名碩翁科羅巴圖魯。（案：請參看下文的滿洲文引文）

　　從以上幾處記事中，似乎給了我們一個印象，即碩翁科羅巴圖魯這個人有三個不同的名字：「安費揚古」、「諳班哥」與「諳班偏格」。實際上《大清太祖高皇帝實錄》所記的是與滿洲舊俗不合的，因為凡有專稱之巴圖魯稱號的人，不應該再加記他的本名。《大清太祖武皇帝實錄》與《滿洲實錄》畢竟是成書較早的官書，它們還存在滿洲古樸的寫法，沒有附加其人名。然而碩翁科羅巴圖魯的真正名字叫什麼呢？所幸《滿洲實錄》的滿文部分對此事記述得比較清楚，書文如下：

---

[12] 《大清太祖武皇帝實錄》，收入：續修四庫全書編纂委員會（編），《續修四庫全書》，第 368 冊，卷 1，頁 5。

taidzu	sure	beilei	amban	songkoro	baturu,
太祖	淑勒	貝勒的	大臣	碩翁科羅	巴圖魯

jai	basan	i	gebungge	niyalma	juwe	nofi
又	巴遜	的	名叫	人	二	人

ujulufi	juwan	juwe	niyalma	be	gaifi	amcanafi
帶頭	十	二	人	將	率領了	追到了

holkon	de	dosifi	hadai	cooha	be	gidafi
突然	於	進入	哈達的	兵	將	打敗了

dehi	niyalma	be	waha,	gamara	olji	be	gemu
四十	人	將	殺了	掠得的	俘物	將	都

amasi	baha.
回來	取了。

　　原文大意是：「太祖淑勒貝勒的大臣碩翁科羅巴圖魯與另一個名叫巴遜的人，率領了十二人，追到了以後，突然進入，打敗了哈達兵，殺了四十人，取回來被掠去的物品」[13]。

　　按「碩翁科羅」是專稱巴圖魯前加上的美號，給特定人物專用的，所以其人不須加上人名，《滿洲實錄》滿文部分只說他是太祖的「大臣」(amban)。《大清太宗高皇帝實錄》與《大清太祖武皇帝實錄》中用的「安」字與「諳班」應是 amban 的音譯，不是人名。「諳班」是女真族固有的稱號，在金朝的時代就稱大臣為「諳班」，這在《金史》裏常常可以見到。「費揚古」是人名，在清初史料中有寫成「偏格」、「篇古」的，都是滿語 fiyanggu

13 《滿洲實錄》，第 1 冊（臺北：臺聯國風出版社，1969），碩翁科羅巴遜敗哈達兵圖後，（卷 1）頁 139–144。

的音譯，這個字原是「老來子」、「老么」的意思，一般家庭中多用來稱呼最後出生的兒子。事實上，女真人家也有以兒子出生次序給小孩命名的習俗，如老大叫「兀朮」，uju 原意為「頭」、「第一」等，金朝有位著名人物叫「金兀朮」，這是眾人皆知的。另外老二叫「扎秦」(jacin)，老三叫「依拉秦」(ilaci)，老四叫「堆器」(duici)，老五叫「孫扎齊」(sunjaci)，老么叫「篇古」、「偏格」、「費揚古」(fiyanggu) 等等，嚴格說來都不是人名，只是小孩出生先後的一種稱呼而已。努爾哈齊的胞弟舒爾哈齊有子六人，最小的就叫「篇古」。這個字女真祖先就用過了，《金史》國語解中記述「蒲揚溫，幼子也」，中、日前輩學者都以為「蒲揚溫」是 fiyanggu 的早期漢譯字。

清初還有不少專用名詞可以作深入解說，如「皇太極」(hongtaiji)、「墨爾根岱青」(mergen daicing)、「包衣」(booi)、「巴牙喇」(bayara) 等等。

綜上所述，相信大家已經可以了解清初滿文史料的部分價值。

第二，滿文史料可以幫助我們窺知清初若干祕史。

如清太祖努爾哈齊「幽子殺弟」事。這是指太祖禁錮長子褚英及殺死胞弟舒爾哈齊的事。這些家族中的慘烈鬥爭，在日後官修的史書中都語焉不詳，像似沒有發生過。《大清太祖高皇帝實錄》萬曆三十九年 (1611) 辛亥條下記：「八月，戊辰朔。丙戌，上弟達爾漢巴圖魯貝勒舒爾哈齊薨，年四十八」[14]。且不說這種既用專稱巴圖魯賜號又加上人名的寫法不合滿洲舊俗，這條記舒爾哈齊死亡的事，更是隱諱了當年歷史的真相。舒爾

---

[14] 華文書局（輯），《大清太祖高皇帝實錄》，卷3，頁17。

哈齊是努爾哈齊的親弟，也是創建龍興大業時的得力助手，在明朝官書裏就曾看到他率「建州等衛夷人」赴京朝貢，明廷「賜宴如例」的紀錄[15]。朝鮮人到滿洲老寨子裏訪問並刺探軍情時，也記舒爾哈齊「服色與其兄一樣」，「小乙可赤屠豬設宴」招待遠來使者之事[16]。由此亦可見舒爾哈齊在部族中的地位不低。事實上，當時部族中也只有他們兄弟二人以「貝勒」為稱，其他兄弟子侄僅稱「台吉」。可是當部族勢力日強，財富日豐時，他們兄弟間卻發生了衝突。萬曆三十五年 (1607)，滿洲大兵征伐烏拉部時，舒爾哈齊是統帥之一，他在烏碣岩戰役中作戰不力，遲緩發兵，努爾哈齊事後怒責領兵的官員，並打算將舒爾哈齊屬下兩員大將常書、納齊布處死。舒爾哈齊不服，對他兄長說：「誅二臣與我死無異」，努爾哈齊這才改變主意，不殺常書等二人，但「罰常書金，奪納齊布所屬之人」[17]。舒爾哈齊為什麼在戰爭中遲疑不前呢？原來烏拉部首領布占泰娶了舒爾哈齊的女兒額實泰，而舒爾哈齊也娶布占泰的妹妹濘奈為妾，他們雙方有姻親關係（早年滿洲人的婚姻並不重視輩分關係，不講求儒家的這類倫理）。這可能是當時人說舒爾哈齊「私三都督」（私祖三都督布占泰）的原因之一。

---

[15] 中央研究院歷史語言研究所（輯校），《明神宗實錄》（臺北：中央研究院歷史語言研究所，1966），卷 312，頁 9；卷 453，頁 5。

[16] 申忠一（著），遼寧大學歷史系（編），《建州紀程圖記校注》，收入：遼寧大學歷史系（編），《建州紀程圖記校注 / 漢譯韃靼漂流記》（瀋陽：遼寧大學歷史系，1979），頁 24；《宣祖大王實錄》，收入：國史編纂委員會（編），《朝鮮王朝實錄》，第 22 冊（漢城：朝鮮國史編纂委員會，1957），卷 69，頁 17。

[17] 華文書局（輯），《大清太祖高皇帝實錄》，卷 3，頁 12。

　　多年合作打拚的兄弟，自此顯然離了心。從史料可知，此後努爾哈齊「不遣舒爾哈齊將兵」。兩年之後，兄弟間的爭吵、鬥爭更形嚴重。《滿文老檔》中有如此一段記事：

> 聰睿恭敬汗之弟舒爾哈齊貝勒係唯一同父同母弟，故凡國人、賢良僚友、敕書、奴僕，以及諸物，皆同享之。雖使之如此同享國人、僚友以及一切物件，然弟貝勒於征戰時，未見一超卓之舉，於大國之政道，未進一善言以慰之，全然無德。雖屬無德，仍以唯一之弟而不厭惡，舉凡諸物，皆同樣供養之。如此供養，弟貝勒尚不知足，積年纍（案：累）月，怨其兄長。兄聰睿恭敬汗曰：「弟爾所得家業及國人、僚友，非我等之父所遺留之國人、僚友，乃為兄我所賜也！」責其過惡之後，弟貝勒口吐怨詞曰：「此生有何可戀，不如一死」。遂背棄使其同享國人、僚友之兄長，攜其部眾，出奔他路異鄉以居。聰睿恭敬汗怒，遂於己酉年，時聰睿汗五十一歲，弟貝勒四十六歲，三月十三日，盡奪賜弟貝勒之國人、僚友以及諸物，使其孤立。時有族人名阿席布者，因未曾勸止弟貝勒反而鼓動挑唆，是以殺之。又將大臣烏爾崑蒙兀，吊縛於樹，下積柴草，以火焚之，借以辱弟貝勒，使其孤立。弟貝勒自責曰：「多蒙兄汗贍養，曾欲別往以居，洵屬狂妄，實乃我之過也」。於是翻然歸來。聰睿恭敬汗遂以籍收之國人、僚友，於當年，悉數歸還弟貝勒。後弟貝勒仍不滿其兄聰睿汗之待遇，不屑天賜之安樂生活，遂於辛亥年八月十九日卒，享年四十有八[18]。

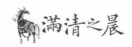

　　由此可知：舒爾哈齊確曾與他的胞兄努爾哈齊發生矛盾，最後被胞兄整肅致死。日後清廷官修的史書都隱諱了這些史實，我們只能在早年滿文檔案中看出真相。其實同時代的明朝人也知道努爾哈齊與舒爾哈齊不和，如黃道周就有文字記述過：

> 初，酋（案：指清太祖努爾哈齊）一兄一弟，皆以驍勇雄部落中。……弟私三都督（案：指烏拉布占泰貝勒），酋疑弟二心，佯營壯弟一區，落成置酒，招弟飲會，入于寢室，鎖鐍之，注鐵鍵其戶，僅容二穴，通飲食，出便溺[19]。

　　另外，還有沈國元與江旭奇二人也有著述談到努爾哈齊兄弟間的鬥爭，內容與黃道周所述差不多，只是他們所記的時間與清代官書略有不同。沈、江兩人都說是萬曆四十年 (1612) 十一月，「奴兒哈赤殺其弟速兒哈赤，并其兵」，比實錄和老檔所記晚了一些[20]。

　　至於舒爾哈齊的卒年與死因，朝鮮人李民宬的說法是：「小乙可赤有戰功，得眾心，五六年前，為奴酋所殺」[21]。李民宬

---

18 中國第一歷史檔案館、中國社會科學院歷史研究所（譯註），《滿文老檔》（北京：中華書局，1990），頁 7–8。

19 黃道周，《博物典彙・卷 20・四夷》（海口：海南出版社，2001），頁 16。

20 請參看：沈國元，《皇明從信錄》，收入：四庫禁燬書叢刊編纂委員會（編），《四庫禁燬書叢刊》，史部第 2 冊（北京：北京出版社，2000），卷 39，頁 50；江旭奇，《皇明通紀集要》，收入：四庫禁燬書叢刊編纂委員會（編），《四庫禁燬書叢刊》，史部第 34 冊（北京：北京出版社，2000），卷 39，頁 15。

21 李民宬，《紫岩集・建州聞見錄》，收入：杜宏剛、邱瑞中（等編），《韓國文集中的明代史料》，第 10 冊（桂林：廣西師範大學出版社，2006），頁 388。

曾在萬曆四十七年 (1619) 薩爾滸山大戰中，加入明朝東路軍攻擊努爾哈齊，後戰敗被俘。他在滿洲老寨子裏度過一年多的囚禁生活後才被釋放回國，他說「五六年前」應指萬曆四十一、四十二年 (1613、1614) 間之事。

　　無論是黃道周或李民寏，他們的消息都是得自傳聞，實在無法證明其是否比滿文紀錄更為可靠。不過，努爾哈齊兄弟間的這場慘烈鬥爭，如果沒有早年的滿洲文字紀錄，相信我們是很難知道實情的。

　　努爾哈齊長子褚英的下場也是一樣，如果從後世清朝官書中所記的史事，我們大概只能知道他曾在青壯年立下大戰功，之後不幸英年早逝。例如在萬曆二十六年 (1598) 他十八歲時，《大清太祖高皇帝實錄》裏記說：「上命長子台吉褚英，幼弟台吉巴雅喇，與扎爾固齊噶蓋、費英東，統兵一千，征安褚拉庫路，星馳而往，取屯寨二十餘，所屬人民，盡招徠之。於是褚英，賜號洪巴圖魯」[22]。又在萬曆三十五年 (1607)，褚英征烏拉部有功，實錄裏作了如下的記載：「上……以長子洪巴圖魯褚英，遇大敵，率先擊敗其眾，賜號阿爾哈圖土門」[23]。

　　以上所引史料出自乾隆初年成書的定本實錄，早年滿洲舊俗只用賜號不記人名的筆法已不復存在了。然無論如何，其敘述對褚英來說仍是光彩的。至此以後，這部定本實錄中出現褚英的事不多，直到萬曆四十三年 (1615) 秋天閏八月，才記述：「皇長子洪巴圖魯、阿爾哈圖土門貝勒褚英薨，年三十六」[24]。惟

---

[22] 華文書局（輯），《大清太祖高皇帝實錄》，卷2，頁21。

[23] 華文書局（輯），《大清太祖高皇帝實錄》，卷3，頁12。

[24] 華文書局（輯），《大清太祖高皇帝實錄》，卷4，頁17。

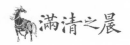

此種兼用前後兩個賜號的寫法尤其不合滿洲當年的制度,而褚英的死因及有關事項未見任何著墨,更是一大缺陷。如果我們查一查老舊的滿文紀錄,會發現史實並不單純。現在就將這段滿文記事的漢譯內容抄寫如下:

聰睿恭敬汗荷蒙天恩,集成大業,執金國之政。聰睿恭敬汗思慮之:「我若無子,夫復何言!今我欲令諸子掌政。若令長子當政,而長子自幼心胸狹窄,並無治國寬大之心懷。儻令其弟當政,但焉能棄其兄而令其弟執政?為父我若薦用長子,使之專主大國,執掌大政,或可棄其偏心而存公誠之心耳!」遂令長子阿爾哈圖圖門執政。然執政之長子,並未以公誠之心治理父汗交付之大國。結怨於所擢用之身同父汗之五大臣,使之彼此不睦。施虐於聰睿恭敬汗愛如心肝之四子,並脅其眾弟曰:「爾等發誓,不拒兄言,不將我之所言告於父汗」。即遂令望夜星誓之。又曰:「父汗曾賜爾等財帛良馬,父汗故後,其賜與爾等之財帛馬匹,則豈不廢之?再者,凡與我不睦之諸弟及眾大臣,待我即位後皆誅之!」其如此虐待四兄弟及五大臣,聰睿恭敬汗並不知曉。四兄弟及五大臣商議:「我等如此受侮,而汗弗知。若告於汗,又畏於執政之阿爾哈圖圖門。因掌政之主而懼怕之,我等將有何生路?汗故後,彼即不養我等矣!莫如將我等無以為生之苦,告知汗而後死」。遂告於汗。汗曰:「爾等口述之言,我如何記之?作書呈來」。四兄弟、五大臣遂將被虐情形,各繕一書,呈汗。汗執其文,謂長子曰:「此乃爾四弟、

五大臣控告爾之文書，著爾閱之。長子，爾若自以為是，亦可上書辯駁」。長子答曰：「我無言可辯」。聰睿恭敬汗遂曰：「爾若無言可辯，爾之過也。將國政移交於爾，并非為父我年老不能從戎征戰，或不能審理國務之故也！為父我若令親生諸子執政，國人聞之，或有諸子棄其父而主國當政之議。然我不顧國人議論，仍令爾掌政權矣！夫掌政之國主、汗、貝勒，須寬大為懷，秉公治國。如此虐待同父所生之四弟及為父我擢用之五大臣，使彼此不睦，安容爾執政耶？……我愛妻所生諸子，所賜國人、敕書等諸物，皆已從減。然爾所得如此之多，尚不知足，竟揚言攫取諸弟所得微薄之財物，欲殺與爾不睦之諸弟及眾大臣。間離四兄弟、五大臣，使之彼此不睦，強迫諸弟各處立誓，不得將爾邪惡小人之心告於父。爾若以所得國人、牧群、財物為少而持偏狹之心，則將給爾之國人、牧群等物皆與諸弟合而均分之」。其後，秋征烏拉時，知長子心胸狹窄，不可置信，遂命留其同母弟古英巴圖魯貝勒守城。又，春征烏拉時，仍不信其長子，命其二弟莽古爾泰台吉、四貝勒留守。二征烏拉，均未准長子從征，使之留於家中。於是長子與其四僚友商議曰：「若以我國人與諸弟平分，我即死矣，爾等願與我同死乎？」四僚友答曰：「貝勒若死，則我等亦隨爾死」。父汗率軍往征烏拉後，長子不但不為父汗與勢均力敵之大國相戰之成敗而憂慮，竟將出征之父汗、諸弟及五大臣等書於咒文，望天地焚之。且與僚友曰：「願出戰之我軍為烏拉擊敗。被擊敗時，我將不容父及諸弟入城」。如此詛

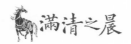

咒。……汗欲殺長子，又恐後生諸子引以為例，故未殺
之。於丑年三月二十六日，長子阿爾哈圖圖門三十四歲
時，幽於木柵高墙內以居[25]。

有關努爾哈齊家族發生鬥爭的「祕史」，其實還有一些值得
一談，如他的繼妃富察氏被休，趕回母家，大妃烏拉氏（多爾袞
生母）殉葬等，也是滿文書檔裏才記載，或記載得較為詳盡的，
這裏不能一一盡述了。現在再就努爾哈齊仇視漢人一事舉出例
證，讓我們進一步了解清初歷史的真相。

自從萬曆十一年 (1583) 努爾哈齊的父祖在古勒山城戰役中
「死於兵火」之後，努爾哈齊就視漢人為不共戴天的仇家。他
在追殺尼堪外蘭（一作尼康外郎）的時候，一路殺了不少漢人，特
別是在鵞兒渾城一役中，發現「城內有漢人十九名，亦殺之。
又捉中箭傷者六人，太祖（案：指努爾哈齊）復深入其箭，令帶箭
往南朝（案：指明朝）傳信，可將仇人尼康外郎送來」[26]。行徑可
謂殘忍之極。

其後努爾哈齊在歷次征遼的戰爭中，從未放棄屠殺漢人的
念頭。如清河一役，明朝「兵萬人俱死焉」。開原攻守中，朝鮮
人李民寏記：「陷開原，屠害人民無慮六、七萬口」。攻破鐵嶺
城時，又記城內男女多被屠殺。瀋陽之戰，《滿文老檔》中記明
兵民被殺者高達七萬之多。西平堡之役，因金兵損失慘重，攻

---

[25] 中國第一歷史檔案館、中國社會科學院歷史研究所（譯註），《滿文老檔》，
頁 19–23。
[26] 《大清太祖武皇帝實錄》，收入：續修四庫全書編纂委員會（編），《續修四
庫全書》，第 368 冊，卷 1，頁 8。

克後乃大肆屠殺，以作報復，有「盡屠西平」之說。天命十一
年 (1626)，努爾哈齊攻寧遠失敗，回兵時盡屠覺華島上的明朝水
軍、商人、居民三萬多人，在在說明努爾哈齊屠殺漢人是不會
手軟的[27]。

　　另外在努爾哈齊取得瀋陽、遼陽之後，他把祖先的骨骸從
老家迎來新都城安葬時，滿、漢書檔的記事也有些出入，值得
一看。乾隆初年成書的《大清太祖高皇帝實錄》中記：

> 上以遼陽既定，建都東京，奉移景祖、顯祖、孝慈皇后，
> 及皇妃、皇伯父、皇弟、皇子諸陵墓於東京。命族弟鐸
> 弼、王善、貝和齊往。至祖居虎攔哈達之赫圖阿喇地，
> 謁祖陵及皇后皇妃陵。鐸弼等遵旨，先以太牢祭告畢，
> 乃奉景祖、顯祖、孝慈皇后梓宮，舁以黃輿，暨皇伯父
> 禮敦巴圖魯、皇弟貝勒達爾漢巴圖魯舒爾哈齊、青巴圖
> 魯穆爾哈齊、皇叔塔察篇古之子貝勒祜爾哈齊靈柩，舁
> 以朱輿，日祭以太牢。將至，上率諸貝勒大臣，令軍士
> 披甲冑，執器械，出城，迎二十里外，至皇華亭，上及
> 諸貝勒大臣軍士，悉俯伏道左，俟景祖、顯祖暨孝慈皇
> 后靈輿過，乃起，至東京城東北四里之楊魯山，預建寢
> 殿，以安葬焉[28]。

---

[27] 以上屠殺漢人事，散見於：華文書局（輯），《大清太祖高皇帝實錄》，卷 5–10；
中國第一歷史檔案館、中國社會科學院歷史研究所（譯註），《滿文老檔》，
頁 65、93、103、176–178；李民寏，《紫岩集・建州聞見錄》，收入：杜宏
剛、邱瑞中（等編），《韓國文集中的明代史料》，第 10 冊，頁 390；中央研
究院歷史語言研究所（輯校），《明熹宗實錄》（臺北：中央研究院歷史語言
研究所，1966），卷 18，頁 16。

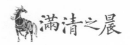

關於移靈的事,《滿洲實錄》裏亦有記載,但内容稍有不同,以下是譯成漢語的文字:

> ……太祖英明汗派了同族的兄弟鐸弼、王善和貝和齊去奉移祖父、父親、叔父們、哥哥們、弟弟們、兒子們、福晉們的骨骸。……太祖英明汗祖父、父親的骨骸用紅色轎子裝運,太祖中宮大福晉的骨骸用黃色的轎子裝運,太祖伯父禮敦巴圖魯的骨骸和弟弟達爾漢巴圖魯的骨骸……用紅色轎子裝運送來。每天殺牛祭祀,在接近東京的時候,太祖英明汗率領了眾貝勒、諸大臣,命兵士們穿上鎧甲,從東京出來,迎到二十里外的接官亭。用草束成死去漢人的形狀,站在一邊,奪取其地,放炮吶喊,砍殺草人,把他們焚燬了。汗和諸貝勒大臣眾兵都在大路旁邊跪伏著,直到載運先祖骨骸與大福晉骨骸的轎子過了才站起來[29]。

從以上這段譯文中,似乎可以看出幾件事:一、《大清太祖高皇帝實錄》記載運送努爾哈齊祖父、父親、大福金骨骸的轎子都是用「黃輿」,而皇伯父、皇弟等人骨骸則用「朱輿」運送,符合日後宗室用黃帶子、覺羅用紅帶子的制度。但是《滿洲實錄》則說運送努爾哈齊祖父、父親、伯父、皇弟等人的骸骨用紅轎,運送大福晉的骸骨用黃轎,似乎是以男女性別區分為紅、

---

[28] 華文書局(輯),《大清太祖高皇帝實錄》,卷9,頁5-6。

[29]《滿洲實錄》,第3冊(臺北:臺聯國風出版社,1969),甲子年四月條,(卷7)頁1433-1439。

黃二色，顯見當時漢人皇家尚黃的文化還沒有深入的影響到後金的領導人。二、滿文史料裏還記載在迎靈的路上束草人為漢人形狀，放炮吶喊斬殺草人，以安慰先人於冥冥之中，此亦表現其仇漢的一面。如果沒有滿文資料，這些史實我們也就無從得知了。

第三，滿文史料可以幫助我們看出一些清代官書中的手民之誤與刪改的情形。

我們知道：很多清初的史料是先製成滿文而後翻譯為漢文，而且這批滿漢文史料被人利用時又常因種種原因被致誤、改動，甚至竄改、毀滅。以清太祖努爾哈齊的實錄來說，初修於皇太極之世，多爾袞攝政時略加修改，順治臨政後又加以改動。後於康熙時代進行大修，雍正時再重修，直到乾隆初年才完成所謂的「定本」。該實錄在一百年間幾乎經過五次改修，不但手民之誤難免，部分史實也因個人及時代的因素而改動不少。以下例子也許可作說明：

乾隆定本《大清太祖高皇帝實錄》記萬曆二十四年 (1596) 丙申七月事有：「先是陣獲烏喇國布占泰養之四年，至是遣歸國。上命圖爾坤黃占、博爾崑輩揚占二人護送之」[30]。而早年於太宗朝修成的《大清太祖武皇帝實錄》對此事則有如下的記述：「先陣所擒布占太，恩養四載，至是七月，太祖欲放歸，令禿兒空黃占、撥兒孔非英占二人護送」[31]。

《大清太祖武皇帝實錄》因較早譯成，當時史官們的文化

---

[30] 華文書局（輯），《大清太祖高皇帝實錄》，卷2，頁19。

[31] 《大清太祖武皇帝實錄》，收入：續修四庫全書編纂委員會（編），《續修四庫全書》，第368冊，卷1，頁11。

素養可能不是太高，因而譯名多不講求，非常俚俗，不若《大清太祖高皇帝實錄》高雅。但兩書都把護送人員之一譯為「博爾崑蜚揚占」與「撥兒孔非英占」，似乎都有缺失。案《滿洲實錄》滿文部分載其人原名為 bolkon fiyanggu[32]。可見漢文中把「古」字誤作「占」字，應是手民之誤。

清初官員有人用滿漢文合寫向皇帝報告的文書，稱為滿漢合璧奏摺，這類文件也是清代特有的珍貴文獻，不過也經常發生筆誤、譯誤。如雍正元年 (1723) 有總理事務吏部尚書隆科多等所上〈奏為八旗繙譯考試請旨〉摺，其中有一段滿文為："jakūn gūsai manju, ujen coohai ubaliyabure jungšu bilhese de simnere duin tanggū nadanju juwe niyalma." 而漢文部分則作「八旗滿洲漢軍考試人員肆佰柒拾貳名」。實際上應該是指「八旗滿洲漢軍繙譯中書、筆帖式考試人員肆佰柒拾貳人」，可知譯文並不正確。又同年刑部尚書佛格等所上〈奏為不准援赦人犯請旨〉摺，也是滿漢合璧的奏摺，其中漢文部分有「發往杭州新滿洲、蒙古、西北等犯亦著查明具奏」一段，漢文「西北」二字實為滿文 sibe 的誤譯，sibe 應作「錫伯」、「席北」，是滿洲大家庭中的一員，不是「西北」的音譯[33]。

清太宗皇太極在初修《大清太祖武皇帝實錄》時，因仍在關外，尚未成為中國的主人，故對明朝仍很恭順，文字多用敬語。例如，萬曆十一年 (1583) 努爾哈齊父祖死於古勒之役，《大

---

[32] 《滿洲實錄》，第 1 冊，丙申年七月條，（卷 2）頁 394–396。該書漢文部分譯此人名為「博爾坤斐揚古」。

[33] 請參看：臺北國立故宮博物院藏「滿漢合璧奏摺」，雍正元年二月一十六日及四月二十日等件。

清太祖武皇帝實錄》對於當時滿洲領袖向明朝交涉的記載為：
「……後太祖奏大明曰：『祖父無罪，何故殺之？』詔下言：『汝
祖父實是誤殺』。遂還其屍，仍與勅書三十道，馬三十匹，復給
都督勅書」[34]。

　　康熙朝重修太祖實錄時，在文字上作了改動，第一次修改
時把以上這段談話寫為：「上聞之大慟，悔恨不已，謂明邊臣曰：
『我祖父無過，何故加害？』明國答言：『非有意加害，乃悞耳』。
遂歸其喪」。

　　第二次修改本則作：「上聞之大慟，勃然震怒，謂明邊吏曰：
『我祖父無故被害，汝等乃我不共戴天之讐（案：仇）也。汝何
辭？』明邊吏答曰：『非有意也，悞耳！』乃歸二祖喪」。

　　第三次修改本中語氣更為強烈，把「明邊吏答曰」改為「明
遣使答曰」，顯見滿洲的身價更高，滿洲的正統地位建立了[35]。

　　在《滿洲實錄》的滿文部分，我們發現書中確實用了
daiming gurun（大明國）、daiming gurun i ambasa（大明國大官們）等
字樣，沒有什麼「明邊臣」、「明邊吏」那樣平等不敬的稱呼。
這是為政治正統刪改的例子。

　　滿洲人入關以後，為了統治眾多的漢人，不讓漢人對他們
起反感，在官方重修史書時也考慮到用詞，把真正的史實刪改
了的，例如天命四年（1619）攻陷開原一役，乾隆定本太祖實錄是
這樣記的：「上駐軍開原三日，籍所俘獲，舉之不盡。……於是

[34] 《大清太祖武皇帝實錄》，收入：續修四庫全書編纂委員會（編），《續修四
　　庫全書》，第 368 冊，卷 1，頁 4。

[35] 羅振玉（編），《太祖高皇帝實錄稿本三種》（哈爾濱：哈爾濱出版社，2003），
　　頁 29、211–212、433。

論貝勒大臣及將士等功，賞賚有差，乃班師」[36]。而《滿洲實錄》的滿文部分原先記載（大意譯文）：「於是論眾貝勒、眾大臣和兵丁的功，賜了賞，把城毀了，家舍、衙門都放了火，才回兵」[37]。

開原之戰非常慘烈，馬林、于化龍等領兵官都死於戰役中，當時朝鮮人也感嘆的記述說：「開元（案：原）城中，最多節義之人，兵纔及城，人爭縊死。……至有一家全節，五、六歲小兒亦有縊死者」[38]。

滿清既已入關，統治中國，這種能使人仇恨的殺人放火記事當然最好刪掉。

另一方面，與中國傳統文化、家庭倫理不合，顯示滿洲人不文明的事，在入關後修改官書檔案時也作了刪飾。例如皇太極的生母死後，努爾哈齊命以四個婢女殉葬，《滿洲實錄》的滿文記事作："taidzu sure beile haji fujin ofi, delheme yadame, fujin i takuraha duin sain hebe, be dahabuha."（由於太祖聰睿貝勒所愛的福金，單獨的（死）去了，便將福金使喚的四個好婢女殉葬了）[39]。《大清太祖高皇帝實錄》則記：「（案：孝慈皇后）及崩，上悼甚，喪殮祭享，儀物悉添加禮，不飲酒茹葷者踰月」[40]。四婢女殉葬的事完全不見了。

---

[36] 華文書局（輯），《大清太祖高皇帝實錄》，卷6，頁20。

[37] 《滿洲實錄》，第2冊（臺北：臺聯國風出版社，1969），己未年六月條，（卷5）頁1012–1013。

[38] 《光海君日記》，收入：國史編纂委員會（編），《朝鮮王朝實錄》，第30冊（漢城：朝鮮國史編纂委員會，1957），卷169，頁55。

[39] 《滿洲實錄》，第1冊，癸卯年九月條，（卷3）頁467–472。

[40] 華文書局（輯），《大清太祖高皇帝實錄》，卷3，頁8。

　　此外，早年滿洲部族的婚姻制度是不合於漢人社會倫常觀念的。他們可以「父死娶其妾，兄亡娶其妻」，「弟妻兄嫂，兄妻弟媳」顯得混亂；同時又沒有近親不婚、母黨不婚等等的限制，根本不存在漢人的禮法觀念。在留下來的滿文紀錄中，提到在努爾哈齊未死之前，他的次子代善就傳聞與繼妃富察氏有曖昧關係[41]；另外，皇太極則是同時娶了蒙古同一部落嫁來的姑姑與姪女[42]。這些事在入關後的漢文官書中皆未記載，這當然是為了讓漢人不對滿人存有「亂倫殊甚」的印象。

　　這些竄改，這些隱諱都有統治漢人的政治目的。還有在康熙年間，也因為對蒙古的征服，竄改更具深意的清廷文獻。

　　自從滿洲興起之後，蒙古一直是個大問題，雖然用和親、結盟、征伐等等手段對付此強敵，卻始終未能竟其全功。康熙年間，厄魯特蒙古又出現一位傑出的領袖噶爾丹，他在短時間內統一了天山北路的蒙古諸部，又征服天山南路的回部若干城市，威令到達青海、西藏一帶。康熙二十七年 (1688) 噶爾丹開始東侵，打敗喀爾喀蒙古，逼使清廷出面調解，但無結果。兩年以後，噶爾丹再度興兵東進，影響清朝的國境安寧，康熙皇帝發兵親征，擊敗噶爾丹，但問題並未解決。康熙三十五年、三十六年 (1696、1697) 清軍又兩度征討噶爾丹，方使其滅亡。《大清聖祖仁皇帝實錄》記撫遠大將軍伯費揚古的奏報說：

[41] 中國第一歷史檔案館、中國社會科學院歷史研究所（譯註），《滿文老檔》，頁 134–137。

[42] 皇太極的皇后是蒙古科爾沁部莽古思貝勒的女兒，姓博爾濟吉特。後來他又娶了同一部族、同姓的女子，輩分是皇后的姪女，請參看：趙爾巽（等撰），《清史稿·卷214·列傳1后妃》（臺北：鼎文書局，1981），頁 8901。

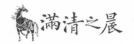

康熙三十六年四月初九日，臣等至薩奇爾巴爾哈孫地方，
厄魯特丹濟拉等，遣齊奇爾寨桑等九人來告曰：「閏三月
十三日，噶爾丹至阿察阿穆塔台地方，飲藥自盡」。丹濟
拉、諾顏格隆、丹濟拉之婿（案：婿）拉思綸，攜噶爾丹
尸骸，及噶爾丹之女鍾齊海，共率三百戶來歸，丹濟拉
因馬疲瘠，又無糧糗，是以住於巴雅恩都爾地方候旨[43]。

上引實錄記費揚古奏摺原係滿文繕寫上呈給皇帝的，這份
奏摺目前尚存，珍藏在臺北國立故宮博物院文獻庫房中，奏報
中記載的噶爾丹死亡日期及死亡原因與實錄並不相同，滿文寫
記的內容是：

ilan	biyai	juwan	ilan	de	g'aldan	aca	amtatai
三	月的	十	三	於	噶爾丹	阿察	阿穆塔

gebungge	bade	isinafi	bucehe.				
名叫	於地	到去了	死了。				

（三月十三日，噶爾丹到了名叫阿察・阿穆塔臺的地方死了。）

以上兩文互相比較之後，不難發現晚出的《大清聖祖仁皇
帝實錄》中多出「飲藥自盡」的說法，而且日期也由「三月十
三日」變成「閏三月十三日」。當然在康熙未死之前，如此重要
的費揚古奏報，按制度已經翻譯成漢字了，實錄中加添與誤寫
的文字一定是康熙之世就已經存在。又在費揚古的這份滿文奏

43 華文書局（輯），《大清聖祖仁皇帝實錄》（臺北：華聯出版社，1964），卷
183，頁7。

報還有一段重要文字值得一讀：

cikir	jaisang	sede,	g'aldan	adarame	bucehe,
齊奇爾	寨桑	於們	噶爾丹	如何	死了

danjila	ainu	uthai	ebsi	jiderakū,	baya	endur
丹濟拉	為何	即	往此	不來	巴雅	恩都爾

bade	tefi,	hese	be	aliyambi	sembi	seme
於地	住了	旨	把	等候	云	云

fonjici	alarangge,	g'aldan	ilan	biyai	juwan	ilan
問時	告訴的	噶爾丹	三	月的	十	三

i	erde	nimehe,	yamji	uthai	bucehe,	ai
的	早晨	病了	晚	即	死了	何

nimeku	be	sarkū.
病	把	不知[44]。

（問齊奇爾寨桑等：噶爾丹如何死亡？丹濟爾何以不即前來，而留駐
巴雅恩都爾地方以候聖旨？據告云：噶爾丹於三月十三日早晨得病，
晚上即死，不知何故。）

另外在〈詢問丹濟拉使者齊奇爾寨桑供詞〉內也稱「噶爾
丹於三月十三日病死」[45]，可見《大清聖祖仁皇帝實錄》中所

---

[44] 國立故宮博物院故宮文獻編輯委員會（編），《宮中檔康熙朝奏摺》，第 9 輯
（臺北：國立故宮博物院，1977），頁 35。

[45] 國立故宮博物院故宮文獻編輯委員會（編），《宮中檔康熙朝奏摺》，第 9 輯，
〈滿文諭摺〉第 730 號。請參看：莊吉發，《故宮檔案述要》（臺北：國立
故宮博物院，1983），頁 65–66。

記「閏三月十三日」死亡與死因係「飲藥自盡」之說，都不是
當時人報告裏的說法，而是後人改編的。

中國傳統史官在修實錄時，都要參考起居注、時政記一類
的皇帝生前紀錄。起居注等資料是第一手原始史料，康熙年間
就有專人負責記寫，現在就讓我們查查當時起居注的內容吧。

《康熙起居注》記三十六年 (1697) 四月初二日中有揚威將軍
覺羅恕書奏疏一道，文中提及同年三月廿五日來降的厄魯特蒙
古名老卜威葛素兒說「逃走逃前夜眾喇嘛在噶爾丹處念經，我
亦曾隨去」。

四月十五日，大將軍費揚古飛報噶爾丹已死的消息，奏文
與前譯滿文相同，說噶爾丹於「三月十三日早得病，至晚死。
不知是甚病症」。費揚古是根據丹濟喇與齊奇爾寨桑二人口述寫
此奏報的。

同一天，因為噶爾丹已死的消息傳到，皇帝跟前的大臣們
以逢迎的口吻上奏說：

> 噶爾丹乃狡猾巨寇，皇上驅除暴虐，永奠疆圉，聖駕不
> 殫勤勞，連出師三次，卒將賊之根株刈絕，實史冊中未
> 有之事。且自寧夏未發之前，曾諭曰：噶爾丹無歸所矣！
> 或自盡，或來降，不然必為我擒，噶爾丹今果自盡，臣
> 等誠傾服靡己，恭逢大喜，應行慶賀禮。

面對如此重大的勝利，起居注官員們在記錄之餘也寫下了
諂諛之語：

皇上又自寧夏兩路遣發精兵，……噶爾丹進退無路，計
竭力窮，仰藥自斃。……皇上所行，悉合天意……神功
聖謨實並二帝三王，超越漢唐宋明之君。……臣等幸叨
扈聖駕，得睹開闢以來未有之盛事，不勝懽忭，謹述大
概，以垂史冊。

由此可知：噶爾丹之死，前線軍官與降人都沒有說定死因，
反而是大臣與起居注官員們首先提出「自盡」與「仰藥自斃」。

康熙三十六年 (1697) 五月十七日皇帝與大臣們談話時也說
「噶爾丹迫蹙已極，計無所出，遂飲藥以死」。噶爾丹的死因就
此判定了 [46]。

噶爾丹之死為什麼一定要以「飲藥自盡」作結呢？這可能
與喇嘛教的信仰有關。我們知道：佛教徒是戒殺生的，一個虔
誠的教徒如何能殺死自己呢？噶爾丹曾經在西藏出家，是達賴
喇嘛大弟子，後來因繼承部族領導大位而還俗，在厄魯特蒙古
頗得民眾擁戴。而蒙古人迷信喇嘛教，也相信好殺生的人不得
超生，不能輪迴投胎轉世。因此，噶爾丹如自殺身死，他就沒
有投胎作人的可能，也就是說噶爾丹從此消滅，他在蒙古社會
裏再也沒有影響，清朝從此徹底消除了大患。

出征厄魯特之軍官的奏章都以滿洲文寫成，《康熙起居注》
的漢文則翻譯自滿文奏章，康熙君臣間造出「飲藥自盡」之說，
應該是事實。

---

[46] 清朝皇帝的起居注冊，從康熙到清末諸帝都有史官寫記，現分藏於北京的
　　中國第一歷史檔案館與臺北的國立故宮博物院兩地，本文參考的原件全都
　　珍藏在臺北，目前兩岸已聯合出版成書。

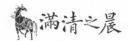

　　滿文史料的重要性，相信可以從上述噶爾丹事件中得到證明。

　　滿洲人自入關以後，逐漸「沾染漢俗」，加上滿文本身有字彙不多、內涵窮乏等缺陷，因此到了盛清時代，不少史官們也「清語生疏」，甚至宗室親貴也「不能國語應對」，使滿文史料的製作在質與量上皆不如早期。不過，研究清中期以前的史事，滿文史料仍值得參考，其重要性與價值應是不可置疑的。

從《滿文老檔》用字看滿族漢化

一個文化比較落後的民族，在生存發展的過程中，遇到文化較高、較進步的民族時，常在自覺反省或是受外來衝擊的情形下，加以修正或徹底改造自身的生活方式、政治行為、思想模式，使生活環境更進步，從而由傳統進入現代。這似乎是人類發展史上的常規，不論東方社會或是西方世界都是一樣的，滿族的情形也不例外。

眾所周知，滿族是中國大家庭的成員之一，他們存在的歷史悠久，在東北亞歷史舞臺上的活動也很多，特別是十七世紀中期，他們統一了女真，打敗朝鮮與蒙古，最後代明有國，當上中國的主人。他們從次發達的社會躋身於較發達的社會之林，因而在生活與思想的各種領域中多少發生一些變化。當時滿族所接觸的是博大高深的漢族文化，他們不得不向漢文化學習、模仿、甚至取借，以充實自身文化的內容，提升自身文化的素質。

事實上，滿族受漢族文化影響已有千年以上的歷史，只是早期在深度與廣度上都不大。十七世紀時，滿族與明朝發生史

無前例的和戰關係，雙方交往之模式自然不同於往昔；而滿族又為龍興大業「打點皇帝之規模」，因而在自覺與不自覺中大量的吸取漢族文化，我們在當年新創的文字中就可以清楚的看見這些事象。本篇擬就滿族在關外時期寫製的古老檔案[1]，後來被重鈔的《滿文老檔》一書，略作研究，一窺滿族之漢化。

　　《滿文老檔》是記載明末滿族發展史的重要文獻，時間涵蓋清太祖與清太宗兩朝，自後金天命建元前九年（明萬曆三十五年，1607）始，迄於清崇德元年（明崇禎九年，1636），內容記事範圍很廣，舉凡政治、軍事、經濟、文化、民族、社會、宗教、外交等等，可謂無所不包，是研究滿族早期發展史的珍貴資料。我們在該書中看到新創不及十年的文字，發現滿族在進化的過程中，受漢人文化的影響極深，現在先將書中所用文字略作分類，說明如下：

一、器物類的用字

有關軍事方面的：

鳥槍 (miyoo can)　　　　　　砲 (poo)

長砲 (cang poo)　　　　　　紅夷砲 (hūng i poo)

法熕砲 (fa gung poo)　　　　將軍砲 (jiyang giyūn poo)

---

1 滿文創製於 1599 年，到目前已超過四百年。滿族在關外開創建國大業時，曾以自己新創的文字記載族中各種事務，這些資料隨滿族入關被帶到北京，直到乾隆六年 (1741) 才被人發現，惟已有糟爛的現象，而且有些古體寫法也不易辨識。乾隆皇帝為保存祖先文物，乃下令重裱鈔錄，有照老滿文寫的，有以新滿文寫的。共重鈔三份，分藏於北京與盛京。原件現藏於臺北國立故宮博物院，日本學者曾印製重鈔本歸國研究，命名為《滿文老檔》。

纛 (tu)

鼓 (gu)

屯 (tun)

站 (jan)

牌 (pai)

鋪 (pu)

所 (so)

旗 (ki)

堡 (pu)

臺 (tai)

驛站 (i jan)

教場 (giyoo can)

衛 (wei)

有關日用方面的：

老米 (lomi)

薑 (giyang)

胡椒 (hu jiyao)

蘋果 (ping gu, ping gó)

（草）料 (liyoo)

倉 (tsáng)

筐子 (kúwangse)

罈子 (tanse)

網子 (wangse)

升 (sin)

帖 (kiyan)

椅子 (ise)

毛青布 (mocin)

粧緞 (juwang duwan)

硫黃 (lio hūwang)

麥子 (maise)

饅頭 (mentu)

白果 (be gó)

沙果 (ša gó)

炸食 (ca ši)

庫 (ku)

盆 (fan)

盒子 (hose)

斛 (hulo)

兩 (yan)

轎子 (kiyoo)

扛子 (gángse)

紡絲 (fangse)

硼砂 (peng ša)

茶 (cai)

燒餅 (šobin)

蘑菇 (mogu)

砂糖 (šatan)

筵席 (yeng si)

櫃子 (guise)

匣子 (hiyase)

皮箱 (pijan)

斗 (to)

包 (boo)

船 (cuwan)

杖 (jang)

綾絲 (lingse)

襪子 (wase)

蘇木 (su mu)

寶石 (boosi) 　　　水晶 (šui jing) 　　　琥珀 (hūba)

珊瑚 (šan hu) 　　　琺瑯 (fa lang) 　　　釉 (io)

黃丹 (hūwang dan) 　石青 (ši cing) 　　　銅綠 (tung lu)

藤黃 (teng huwang) 　石黃 (ši hūwang) 　大綠 (da lu)

香 (hiyan) 　　　　　鏡 (jung) 　　　　　柟檀 (jan tan)

幡子 (fangse) 　　　喇叭 (laba) 　　　　菩提珠 (bodisu)

樓子 (leose) 　　　　鐘樓 (jung leo) 　　燈盞 (deng jan)

廟 (miyoo) 　　　　　寺廟 (sy miyoo) 　　太廟 (tai miyoo)

牌樓 (pai lu) 　　　　街 (giyai) 　　　　　石碑 (ši bei)

金鑾殿 (gin luwan diyan) 　　　　　　　　龍亭 (lung ting)

騾馬 (lo sa)

二、制度類的用字

有關政治方面的：

皇帝 (hūwang di) 　　太后 (tai heo) 　　　太子 (taidz)

公主 (gung ju) 　　　親王 (cing wang) 　　郡王 (giyūn wang)

閣老 (g'o lao) 　　　尚書 (cang sui) 　　　侍郎 (ši lang)

太子太傅 (taidz taifu) 　　　　　　　　　都堂 (du tang)

公 (gung) 　　　　　侯 (heo) 　　　　　　王 (wang)

太監 (tai giyan) 　　郎中 (lang jung) 　　　掌印官 (jang yen gūwan)

道吏 (doo li) 　　　　通事 (tungse) 　　　同知 (tung jy)

府尹 (fu yen) 　　　知府 (jy fu) 　　　　知州 (jy jeo)

知縣 (jy hiyan) 　　　驛丞 (i ceng) 　　　縣丞 (hiyan ceng)

衙門 (yamun) 　　　戶部 (hu bu) 　　　兵部 (bing bu)

誥命 (gao ming)　　　詔（書）(joo)(bithe)　　　敕（書）(še)(bithe)

書辦 (šu ban)　　　　白身 (bai sin)　　　　　俸祿 (fung lu)

錢糧 (celiyan, ciyan liyan)

　　有關軍事方面的：

將軍 (jiyang giyan)　　元帥 (yuwan šuwai)　　總兵官 (dzung bing guwan)

副將 (fu jiyang)　　　參將 (tsan jiyang)　　　指揮使 (jy hūi ši)

都司 (dusy)　　　　　備官 (bei guwan)　　　守備 (šeo bei)

把總 (ba dzung)　　　千總 (ciyan dzung)　　百總 (bedzung)

遊擊 (iogi)　　　　　千長 (ciyan jang)　　　百長 (bejang)

簽事 (ciyan ši)　　　軍門 (giyun men)　　　營 (ing)

　　有關人物稱謂方面的：

師傅 (sefu)　　　　　老先生 (loo siyan seng)　老爺 (looye)

相公 (siyang gung)　　阿嫂 (aša)　　　　　秀才 (šusai)

大夫 (daifu)　　　　　光棍 (guwang gu)　　　戲子 (hise)

妓子 (gise)　　　　　和尚 (hūwasan)　　　　道士 (doose)

奸細 (giyansi)　　　　木匠 (mujan)　　　　畫匠 (hūwa jan)

繡匠 (sio jan)　　　　皮匠 (pijan)　　　　刻字匠 (ke dz jiyang)

三、文化類的用字：

孔夫子 (kung fu dz)　　孟子 (meng dz)　　　曾子 (dzang dz)

顏子 (yan dz)　　　　子思 (dzsy)　　　　關王 (gūwan wang)

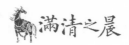
城隍 (ceng hūwang)　　彌勒 (mile)　　　　觀音 (gūwan yen)

觀世音 (gūwan ši yen)　菩薩 (pusa)　　　太祖 (taidzu)

經 (ging)　　　　　　易經 (i ging)　　　春秋 (cūn cio)

通鑑 (tung giyan)　　六韜 (lu too)　　　萬寶全書 (wan boo ciowan šu)

三國志 (san gūwe jy)　大乘經 (dai ceng ging)　三略 (san lio)

素書 (su šu)　　　　寒食 (hangsi)　　　歲 (se)

太平 (taifin)　　　　麒麟 (kilin)　　　鳳凰 (fung húwang)

孝順 (hiyoošun)　　　功 (gung)　　　　罪 (sui)

敬 (ging)　　　　　　節 (jiyei)　　　　賞 (šang)

紫微 (dz wei)　　　　渾沌 (hun dun)　　送禮 (sung lii)

黃曆 (hūwang lii)　　冊 (ce)　　　　　更 (ging)

　　以上只是一些器物類、制度類以及文化類的特別用字，至於漢族的人名、地名，在當時新創的滿文中，完全以拼音表示，由於數量實在太多，在此未能一一詳列予以說明。

　　就以上所舉的滿洲各類文字中，我們似乎可以看出幾點顯著的現象：

　　第一，四百多年前，當滿族初創文字時，他們原有語言中的詞彙並不多，在遼東邊陲地區也許還可以勉強使用，可是當他們與漢族接觸時，很多事物便無法以文字來表達與形容，故而假借大量的漢文字詞，以滿語音譯出來，作為自己的文字，用來解決當時面臨的局勢與問題。事實上，除了借用不少漢文字彙之外，滿族在興起時也從蒙族方面移植不少「外來語」，像「汗」、「札爾固齊」、「巴克什」等等，足見滿族原先的文化程

度並不高，語文中的詞彙相當貧乏。

第二，從一些自漢文音譯而來的滿族文字中，我們似乎可以了解另一個現象，即儘管滿漢兩族作了一、兩千年的鄰居，但在明朝末年，漢文化對滿族的影響依然只是表面的。例如，滿族對儒家學術所知不多，因而孝順、節義等等的字彙尚未在觀念裏形成。而漢人歷代的政軍制度，他們也未仿行，故暫時借用漢制中文武職官的稱謂。很多專門工匠在早年滿族社會裏似乎不是專業，像皮匠、刻字匠等等便以譯漢字音來命名。還有一些特殊行業的人，如和尚、道士、戲子、妓女等，在新創滿文中也都照漢字音譯。這一切也說明了滿族社會與漢族的不同。

第三，滿族創造自身文字的時候，正是其文化與社會遭逢大變局的時刻。我們從他們的文字中，似乎可以覺察到滿族在當時無論是物質生活，或是精神生活的素質都有所提升。在食的方面，他們除飯 (buta)、麵 (ufa) 之外，又有火烙的燒餅、蒸成的饅頭以及若干炸食，甚至舉辦筵席，可見主食已走向多樣化。在衣的方面，質料變得高級了，文字中出現紡絲、綾絲、粧緞一類的衣料，透現一些貴族的衣著文化及品質已有提升。住屋有樓子，照明用燈盞，屋內又陳設著櫃子、匣子、皮箱、椅子等家具，居家情況顯然也改進許多。騎馬的滿洲民族為滿足交通需求，以船與轎子作為部分的交通工具，也可謂是行文化上的一大充實。而當時部族中有寶石、珊瑚、琥珀、水晶、琺瑯等珍貴物品的情況，亦可以推知其物質生活必然比原始狀況提升不少。同時在文字中又能看到不少漢族經典書名以及佛教菩薩稱號、法器名稱等用語用字，顯見滿族在文化思想與宗教信

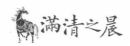

仰方面，也有了新的取向。

第四，《滿文老檔》裏的用字，若從漢化一端來看，似乎還有一點值得我們注意，那就是當時滿族借用的漢字漢詞以器物類最多，制度類次之，而文化觀念方面則較少，且深度不夠，這可能與當時的發展環境有關。例如滿漢兩族不時交戰，儘管滿族原有刀劍 (loho)、箭 (sirdan)、槍 (gida)、弓 (beri) 等武器，但後來接觸到漢軍使用的先進槍砲，自己也逐漸採用，因而文字中出現新創的鳥槍、砲、長砲、紅夷砲、將軍砲等字。滿洲人吃米 (bele) 的歷史必然久遠，但分辨米中的老米可能是較為近代的事，而米用斛、斗、升來衡量，乃至於米存放在倉、庫之中，這又是新受漢人文化影響而有的。飲食中以生薑、砂糖、胡椒為佐料，顏料用上石青、藤黃、石黃、大綠等天然材料，相信也是漢化的結果。總之，當時滿族因與漢族的接觸層面更為廣泛，從而自漢人處引進許多前所未有的器物，當然也沿用原有的漢名並音譯成滿洲文字。至於制度方面的用字，最初以軍事方面為多，但不普遍；而政治方面的專有名詞，直到清太宗建立大清之後，才偶有出現。文化思想的用字，在早期滿文中受漢文化影響較少，僅見一些人名與書名，比起日後翻譯四書五經與大藏經時，在文字上的講究推敲來說，真是不可同日而語。

《滿文老檔》記事前後歷時三十年，有四十卷之多，內容包羅萬象，從軍政大事到社會財經、皇家生活，一般風俗民情，真可說是應有盡有。因此我們在該書所記的史事中，可以看到很多漢化實例，尤其在清太宗皇太極時代，漢化的對象顯然已由器物層面深入到制度層面。例如努爾哈齊建立天命政權時，一切典禮儀注還相當簡陋，可是到崇德元年 (1636) 建立大清朝

時，典禮隆重已備勝於前[2]。天命年間中央只有五大臣與十札爾固齊，而天聰、崇德時代則六部、都察院、內三院等仿行漢制的衙門都成立了，帝國規模大備[3]。皇太極又為他父親努爾哈齊修實錄，尊上「武皇帝」諡號，造福陵、頒祭典[4]，這些都不是滿洲的舊俗，而是道地的漢人古制。另外皇太極封王、封后，降諭制定各種儀制，如更定大臣儀仗制，大臣服飾不得越級，頒布各大臣官員祭葬例，定新年及萬壽禮慶賀儀注，定大汗與各王福晉名號、各王福晉頂帶品級、制定各級官員頂帶服飾例、定太廟、福陵祭禮制、定語言書詞上下尊卑格式、定各福晉、隨侍婦人及額駙、格格冠服與車制、定祭天與祖廟典禮、定蒙古諸王接旨受賞儀制等等，也都是當時滿族漢化的鐵證[5]。其他如皇帝祭天時，在大禮舉行前住齋所而不能射箭，

[2] 請參看：滿文老檔研究會（譯註），《滿文老檔 I・太祖》，太祖朝第 1 冊（東京：東洋文庫，1955），天命元年正月初一日條，頁 67；滿文老檔研究會（譯註），《滿文老檔 VI・太宗》，太宗朝第 3 冊（東京：東洋文庫，1962），天聰十年四月、崇德元年四月諸條，頁 981–997。太宗時有外藩蒙古來朝，大宴、陳百戲。滿蒙漢大臣及諸貝勒上表文加尊號、太宗祭天、祭宗廟、行慶賀禮、宣讀詔書、赦書、賞大臣銀兩，各項活動，先後歷時半個月。

[3] 努爾哈齊設五大臣等職官於天命元年 (1616) 七月。皇太極則於天聰五年 (1631) 成立六部，崇德元年 (1636) 改文館為內三院，設都察院。

[4] 皇太極為努爾哈齊上「武皇帝」諡號是在天聰元年 (1627)，福陵建造於天聰三年 (1629)。《大清太祖武皇帝實錄》初纂本則告成於崇德元年 (1636)。

[5] 各種禮儀之制定均在崇德元年 (1636) 四月至十月間。請參看：滿文老檔研究會（譯註），《滿文老檔 VI・太宗》，太宗朝第 3 冊，崇德元年四月二十三日；五月初一、十四、十六、二十九日；六月初一、初六、十一、十八日；七月初一、初七、十九日諸條；滿文老檔研究會（譯註），《滿文老檔 VII・太宗》，太宗朝第 4 冊（東京：東洋文庫，1963），崇德元年十月十六日條。

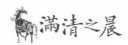

大臣不能食韭菜，都成為當時的禁令[6]。皇家在清明節日祭祖先，並焚楮幣奠祭等等[7]，也是漢俗，不是滿洲傳統。這類事例實在太多，不能逐一列舉，現在僅就二事，略作說明。

　　其一是努爾哈齊與皇太極父子二人都接受漢人以黃為正色、天子用黃色的觀念，因此在他們的行事中，就有記載關於這方面的事情。如天命八年 (1623) 二月十四日努爾哈齊在致額駙恩格德爾的信中述及，對於「一些先來的人，都給予官職，讓他們的子孫沿襲，而且世襲罔替。同時又不追究他們罪行，還頒給了他們蓋了鈐印的黃冊勅書」[8]。同樣的，在同年五月初三日，他又為賜揚古利一等總兵官之職，而「書黃勅書，蓋印賜之」("suwayan ejehe de bithe arafi doron gidafi yangguri de buhebi")[9]。清太宗時代，在他冊封諸后妃時，《滿文老檔》記當日在宣讀冊文以後，曾把這份重要文件「陳於前設之覆蓋黃帷案上」("juleri sindaha suwayan wadan i dene de sindaha")，這是崇德元年 (1636) 七月初七日發生的事[10]。又在早前他規定滿洲服式法制時，就曾下令：

---

[6] 請參看：滿文老檔研究會（譯註），《滿文老檔 VI・太宗》，太宗朝第 3 冊，天聰十年四月初九日條，頁 989–900。

[7] 滿文老檔研究會（譯註），《滿文老檔 V・太宗》，太宗朝第 2 冊（東京：東洋文庫，1961），天聰六年二月初九、十七日條，頁 690、693；滿文老檔研究會（譯註），《滿文老檔 III・太祖》，太祖朝第 3 冊（東京：東洋文庫，1958），天命十年三月初三日條，頁 965。

[8] 滿文老檔研究會（譯註），《滿文老檔 II・太祖》，太祖朝第 2 冊（東京：東洋文庫，1956），天命八年二月十四日條，頁 657。

[9] 滿文老檔研究會（譯註），《滿文老檔 II・太祖》，太祖朝第 2 冊，天命八年五月初三日條，頁 751。

[10] 滿文老檔研究會（譯註），《滿文老檔 VI・太宗》，太宗朝第 3 冊，崇德元年七月初七日條，頁 1166。

八旗諸貝勒「勿服黃緞及縫有五爪龍等服」("suwayan suje be ume eture, sunja ošoho i muduri ume ifire") [11]。由此可見，黃色在當時是清太祖與清太宗專用、代表皇帝的高貴色彩，這當然是漢化的結果。

其二是關於清太宗慶賀建立大清即帝位頒詔大赦的記事，《滿文老檔》中記著：

> enduringge han amba soorin de teke urgun i doroi ambic dasan i yamun de dorgi tulergi geren beise ambasa be amba sarin sarilaha joo bithe hūlafi irgen be tacibuha še bithe wasimbufi weilengge niyalmai weile waliyaha. [12]
>
> （聖汗以即大位禮，集內外諸貝勒、大臣於大政殿大宴慶賀，宣讀詔書，教誨人民，頒赦詔，免犯人罪。）

在上列引文中，「詔書」、「赦詔」並非出自滿族原有文化，他們本無這類詞彙，由於當了皇帝，行禮如儀，不得不發明二個新詞，寫作 joo bithe 和 še bithe。bithe 是滿語，意為「書」、「書札」。joo 與 še 是「詔」與「赦」兩個漢字的音譯，這個詞可以說是滿漢混合體，與以前翻譯「誥命」為 g'aoming 頗有不同。我個人以為這是過度漢化時的一種反動，正如皇太極在崇德元年 (1636) 十一月間對親王貝勒們訓示的，要大家不忘祖制，不能盡仿漢俗，他引用金世宗的話，認為應該「衣女真衣，習

---

[11] 滿文老檔研究會（譯註），《滿文老檔 V‧太宗》，太宗朝第 2 冊，天聰六年十二月初二日條，頁 869。

[12] 滿文老檔研究會（譯註），《滿文老檔 VI‧太宗》，太宗朝第 3 冊，崇德元年四月十三日條，頁 994。

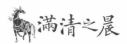
女真語」，更不能廢棄騎射，否則「未有不敗亡者」[13]。還有他也曾下令把以前部族中的漢文官名與城名全部易換成滿語稱呼[14]，這件事也是對漢化過深的一種反動。此種「漢化反動」想法也許還可用以下事例作一些補充說明。

我們發現，早年新創滿文中有一些字彙確實是從漢字中借來，但在拼譯之後，加以部分變化，使其與漢字音韻不完全相同，以達到新創滿語的目的。如：「桃」作 toro；「菠蘿」作 polori；「櫻桃」作 ingtori；「功」作 gungge 等等。在近代日本的「外來語」中也有同樣的現象，他們在借用歐美新事物名詞時，也在語尾加以變化，以示為新創的日本字，而非純粹西語的翻譯。

另有一些詞彙，在音譯漢名時，特加上本土語文以為說明，一則使人易於了解，一則也表示不忘自身語言，這類例子在《滿文老檔》中屢見不鮮，略舉幾則如後：

「渾河」作 hūn ho bira　　　　　「遼河」作 liyo ho bira
「太子河」作 tai dz ho bira　　　「黃河」作 hūwang ho bira
「鐵山」作 tiyei šan alin　　　　「千山」作 ciyan šan alin
「德勝門」作 de šeng men duka　「安定門」作 an ding men duka
「張家口」作 jang giya keo i duka

滿語 bira 意為「河」，alin 意為「山」，duka 則是「門」或

---

[13] 滿文老檔研究會（譯註），《滿文老檔 VII・太宗》，太宗朝第 4 冊，崇德元年十一月十三日條，頁 1438–1441。

[14] 華文書局（輯），《大清太宗文皇帝實錄》（臺北：華聯出版社，1964），卷 18，頁 12–14。

「門口」之意，以上翻譯既已用了 ho、šan、men 等字，又加 bira、alin、duka，顯有重複之嫌；但可使人易於了解，而又「不忘祖先舊制」。如果當時滿洲人不想保存滿族固有文化，大可全盤接受漢名表達方式，概以音譯，反正河、山、門等漢字，並非艱深，任何人都容易學會，容易熟諳其意義。

　　還有一些新創的滿洲文字，絕對是產生自漢文化；但當時造字寫檔的學者們卻給它們賦予滿洲的新生命，使其看似與漢語毫無關連。例如清太祖死後，孝順的皇太極為他父親建造大陵寢，稱為「福陵」，尊加謚號為「武皇帝」，並為他修纂實錄，這一切都是漢人皇家的古制，但從老檔文字記載中就不易看出漢化的痕跡，因為他們給「福陵」翻譯為 hūturingga munggan，「武皇帝」的「武」字譯作 horonggo，「皇帝」還寫成 han 字。「實錄」也不像誥命或詔書一類文書用詞的翻譯，而以滿語為標準，譯成 yargiyan kooli。這些字與詞完全採取意譯，而非音譯，這是另一種不作全盤漢化的方法，也是對漢化的一種反動表現。類似這樣的翻譯例子很多，如六部就值得一提：

「吏部」作 hafan i jurgan　　　　「戶部」作 boigon i jurgan
「禮部」作 dorolon i jurgan　　　「兵部」作 coohai jurgan
「刑部」作 beidere jurgan　　　　「工部」作 weilere jurgan

　　清太宗時代的宮殿名稱也是一樣，例如：

「崇政殿」作 wesihun dasani ya mun
「清寧宮」作 gengiyan elhe booi　　「麟趾宮」作 da gosin i booi

「慶衍宮」作 urgun i booi　　　　「永福宮」作 hūturingga booi

　　皇太極所冊封的諸王貝勒名號也是具有本土色彩的，如：

肅親王的「肅」字作 fafungga　　豫親王的「豫」字作 erke
睿親王的「睿」字作 mergen　　　穎親王的「穎」字作 sure
成親王的「成」字作 mulekecre　武英郡王的「武英」作 baturu
饒餘貝勒的「饒餘」作 bayan

　　其他如都察院以及一些在中央衙門服官人的職官如承政、
參政等等的，也都以漢字意譯而成，不再像早年採用音譯的方
式。如此一來，也使得滿文在表面上增添了字彙，增加了內容。
　　滿文在清太宗皇太極時代確實有進步，因為他曾下令讓儒
臣們給老滿文進行一次修正改革，並以加附圈點的方式來辨別
雷同字彙，也使發音不致混淆。同時又增添一些字母，專為拼
切漢字之用，使滿文更形完備。在《滿文老檔》中，我們也發
現若干字彙從早期不很正確的拼音變得正確了，如「瀋陽」一
名由 simiyan 變為 šenyang，「錢糧」由 caliyan 變成 ciyan liyan，
「蘋果」拼為 ping g'o，而不再是 pinggu 等等，都是早期滿文
的進步，也可以說是漢化加深的表現之一。

六 三田渡滿文功德碑研究

　　中、韓兩國的關係，可稱源遠流長。在中國的殷商時代，朝鮮即有箕子政權；其後千餘年間，兩國使節往來，文化交流等活動未嘗中斷。明清時期，韓國以朝鮮為稱，自明洪武二十五年（1392年）朝鮮太祖李成桂建國之後，中、朝就成為東亞傳統國際社會中封貢關係的典型，雙方患難與共，和睦忠誠。然自明末滿洲興起之後，雙方關係變得複雜起來，及至薩爾滸山一役明朝敗績，朝鮮助明攻打後金的軍隊也潰降滿洲，朝鮮只得遣使向努爾哈齊請求「復修前好」。天聰元年 (1627)，皇太極繼位，以朝鮮未派專人來弔努爾哈齊之喪，與出兵助瓦爾喀攻打滿洲等原因為由，發動大軍征討朝鮮。朝鮮不敵，遂與後金議和，盟誓告天，約為「兄弟之國，共享太平」，至此後金與朝鮮乃正式建立起關係。

　　天聰元年 (1627) 雙方所定的盟約，先有江都之盟，後有平壤之約，兩者內容，實有不同。先看江都之盟，其誓文為：

　　　我兩國已講和好，今後兩國各遵約誓，各守封疆，無爭

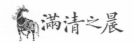

競細故，無非理徵求。若我國與金國計仇，違背盟好，
興兵侵伐，則亦皇天降禍。若金國仍起不良之心，違背
和好，興兵侵伐，則亦皇天降禍。皇天后土，鑑聽此言[1]。

不過，後金史料裏的平壤之約則記：

阿敏⋯⋯於是偕朝鮮王弟李覺、及同來侍郎，復誓天地，
刑白馬烏牛，焚香，設酒肉骨血土，各一器，⋯⋯行九
拜禮，讀誓書畢焚之。誓書曰：⋯⋯自盟之後，朝鮮國
王李倧應進滿洲國皇帝禮物，若違背不進，或不以待明
國使臣之禮，待滿洲國使臣，仍與滿洲結怨，修築城池，
操練兵馬，或滿洲俘獲編入戶口之人逃回朝鮮，容留不
行遣還，或違王所言，與其遠交明國，毋寧近交滿洲之
語，當告諸天地，征伐之。天地譴責朝鮮國王，殃及其
身。朝鮮國王若不違誓詞，共相和好。滿洲國大貝勒阿
敏，無故加兵，殃亦如之。兩國永遵誓詞，天地垂佑，
曆祚延長[2]。

由以上引文可知：江都之盟是互不侵犯的平等條約，平壤
之約則顯係後金專享權利而朝鮮只盡義務的不平等誓盟。這固
然與當時滿洲領兵將領阿敏個人的蠻橫與「心懷異志」有關，

---

1 《仁祖大王實錄》，收入：國史編纂委員會（編），《朝鮮王朝實錄》，第34
　冊（漢城：朝鮮國史編纂委員會，1957），卷16，頁4。
2 華文書局（輯），《大清太宗文皇帝實錄》（臺北：華聯出版社，1964），卷
　2，頁27。

但江都與平壤兩地之約也顯示了雙方在訂約當時的意見不協以及誠意不足等問題。因此，在訂約後十年之間，彼此爭端層出不窮。例如，在互通使節上，朝鮮因與明朝有封貢關係，這是「君臣天地」、「大義所繫」的事，經常未如期派人前往後金，「貢物」更是「以次漸減」，頗令後金不快。互相貿易方面，不是「難以開市」，就是價格不合理，變得有名無實。另外逃人問題，朝鮮也沒有遵約歸還滿洲，並收容新逃人，致使後金惱怒。朝鮮人亦越界到後金境內偷採人參、捕珍奇獸類，造成邊界上的不安。朝鮮甚至還要求後金修改盟約，尤其引起皇太極等人的惡感。在如此不和諧的情況下，要維持好邦交是極為困難的。加上皇太極在天聰十年 (1636) 改國號為大清，建元崇德，而約為兄弟的朝鮮竟不願申賀，雙方再起戰事是可以想見的。

　　崇德元年 (1636) 十二月底，皇太極以朝鮮「屢敗盟誓，助明害我」為藉口，發大軍再度征討朝鮮。清軍渡鴨綠江，直指漢城，朝鮮無法抵抗，只好投降，並訂立城下之盟，約中申言斷絕與明朝的關係，承認清朝為宗主國，與清朝建立封貢關係。又為了感謝清朝不殺朝鮮人民，不滅朝鮮王國，同意在漢城近郊的漢江之濱，一處名為三田渡的地方，豎立一塊描述皇太極功德的石碑，以傳永遠。

　　三田渡離漢城東方約三、四十公里，皇太極第二次征朝取得勝利後，曾在此地設壇，接受朝鮮國王李倧臣服歸降，因此立碑於三田渡確有其深意。正式立碑的時間是在崇德四年 (1639)，碑文以滿、蒙、漢三種不同文字刻製，石碑高約三公尺六十公分，另配有一公尺四十公分的龜形底座，碑形甚為雄偉，為目前中國境外罕見的金石遺珍。由於石質良好，鐫刻工精，

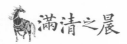

直到今天其字跡仍大體可讀。石碑正面合刻滿、蒙文字，各二十行，背面刻漢文，共有二十四行。第二次世界大戰結束後，朝鮮獨立為大韓民國，愛國人士一度視這塊碑為「國恥碑」，將它推入漢江，但隨著時代進步，國際觀光事業的發展，韓國政府又將它從江裏撈起，重豎在原地，作為訓示國人的歷史證物，並為觀光的景點。

　　三田渡這塊〈大清皇帝功德碑〉事實上沒有發揮觀光景點的功能，其所在地松波地區，早已由現代都市計畫所開發，石碑在高樓大廈隱掩下已很難尋覓。石碑多年來只被少數有心的學者重視，早在十九世紀末年，歐洲學者即以拓本加以介紹或研究碑文內容。如卡烈士 (W. R. Carles) 曾撰文談到這塊石碑。佛雷塞 (A. Fraser) 等則於 1924 年發表專文，翻譯碑上滿文，並加以略述[3]。1928 年日本學者鴛淵一更詳細討論了碑文，且對清初與朝鮮的關係作深一層的探究[4]。第二次世界大戰以後，韓國學者也從事石碑研究，他們就地取材，比較方便，不過將重點放在滿洲語文研究上的學者居多。1970 年，崔鶴根、成百仁兩位教授相繼刊行他們的滿文碑文譯註專文，內容較之歐洲學者，顯然是正確而完善許多[5]。但是三田渡的這塊碑已經歷三百七十多年的風霜歲月，難免受到風化，亦可見多處斑駁，所以諸

---

[3] 崔鶴根，〈所謂「三田渡碑」的滿文碑文註譯〉(譯名)，《國語國文學》，49–50（漢城，1970）：頁 325–354；成百仁，〈三田渡碑滿文〉(譯名)，《東亞文化》，9（漢城，1970）：頁 117–148。

[4] 請參看：鴛淵一，〈清初清鮮關係與三田渡之碑文〉(譯名)，《史林》，13.1–4（京都，1928.07）。

[5] 崔鶴根，〈所謂「三田渡碑」的滿文碑文註譯〉(譯名)，《國語國文學》，49–50：頁 325–354；成百仁，〈三田渡碑滿文〉(譯名)，《東亞文化》，9：頁 117–148。

家的譯述多少有些不盡理想的地方。

多年前韓國朋友金渭顯教授送給我一套三田渡滿文碑文的拓本（這份拓本我已贈送給江蘇江都市檔案局），現在我先把碑文以羅馬拼音拼寫如下（依碑文行次）：

一

daicing gurun i enduringge han i gung erdemui bei

二

daicing gurun i wesihun erdemunggei sucungga aniya tuweri jorhon biya de

三

gosin onco hūwaliyasun enduringge han·acaha be efulehengge menci deribuhe seme ambula jili banjifi coohai horon enggelenjifi dergi baru cing seme jici yaya geleme alihakū tere fonde meni sitahūn ejen nan han de tomofi geleme olhome niyengniyeri juhe de fehufi gerendere be aliyara gese susai ci inenggi derg julergi geren jugūn i cooha siran siran i gidabuha wargi amargi jiyangjiyūn se alin holo de jailafi bederecere... （碑文拓本不清）

四

oksome mutehekū: hecen i dorgi jeku geli wajiha tere fonde amba cooha hecen be gaijarangge šahūrun edun bolori erin i mooi abdaha be sihabure tuwai gūrgin de gashai funggala be dejire gese bihe: enduringge han warakū be dele erdemu selgiyere be oyonggo obufi hese wasimbufi ulhibume

jihede simbe yooni obure • jiderakū ohode suntebumbi sehe tereci inggūldai mafuta geren jiyangjiyūn se

五

enduringge han i hese be alifi amasi julesi gisureme yabure jakade: meni sitahūn ejen bithe coohai geren ambasa be isabufi hendume bi amba gurun i baru acafi juwan aniya oho mini farhūn liyeliyehun de abkai dailara be hūdulabufi tumen halai irgen jobolon tušaha ere weile mini emhun beye de bi

六

enduringge han nememe wame jenderakū uttu ulhibure bade bi ai gelhun akū mini dergi mafari dnro be yooni obume mini fejergi irgen be karmame hese be alime gaijarakū sehe manggi geren ambasa saišame dahafi uthai emu udu juwan moringga be gaifi coohai juleri jifi weile be alire jakade

七

enduringge han dorolome gosime kesi i bilume acame jakade mujilen niyaman be tucibume gisurehe šangname buhe kesi dahara ambasa de bireme isinaha dorolome wajiha manggi uthai meni sitahūn wang be amasi du hecen de bederebufi ilihai andande jujesi genehe cooha be bargiyafi wasihūn bedereme irgen be bilure usin i weile be huwekiyebure jakade goroki hanciki samsiha irgen gemu desame jifi tehengge amba kesi wakao

八

ajige gurun dergi gurun de weile bahafi goidaha sohon
honin aniya: du yuwanšuwai jiyang hūng li be takūrafi
ming gurun de cooha aisilame genehengge gidabufi
jafabuha manggi

九

taidzu horonggo han damu jiyang hūng li jergi udu niyalma
be bibufi gūwa be gemu amasi bederebuhe kesi ereci amban
ningge akū tuttu ocibe ajige gurun geli liyeliyefi ulhirakū
ojoro jakade fulahūn gūlmahūn aniya

十

enduringge han jiyangjiyūn be takūrafi dergi babe
dailanjiha manggi meni gurun i ejen amban gemu mederi
tun de jailame dosifi elcin takūrafi acaki seme baiha
enduringge han gisun be gaifi ahūn deo i gurun obufi: ba na
be yooni obuha jiyang hūng li be nememe amasi
bederebube ereci amasi dorolohongge ebereke akū elcin
takūrahangge lakcaha akū bihe kesi akū oilori hebe

十一

dekdefi facuhūn i tangkan baninafi ajige gurun jecen i
ambasa de gocishūn akū gisun i bithe arafi unggihe tere
bithe be elcin jihe ambasa bahafi gamaha enduringge han
hono oncoi gamame uthai cooha jihekū neneme genggiyen
hese be wasimbume coohalara erin be boljome dahūn
dahūn i nlhibuhengge šan be jafafi tacihiyara ci hono dabali

kai tuttu ocibe geli urgunjeme

十二

dahahakūngge ajige gurun i geren ambasai weile ele guweci ojorakū oho enduringge han i amba cooha nan han be kafi geli hese wasimbufi neneme emu garhan i cooha unggifi giyang du be gaifi • wang ni juse sargan • ambasai hehe juse gemu jafabuha manggi

十三

enduringge han geren jiyangjiyūn be ume necire nungnere seme fafulafi meni hafasa taigiyasa be tuwakiyabuha: tuttu amba kesi be isibure jakade. ajige gurun i ejen amban jafabuha juse sargan gemu fe an i ofi • gecen nimanggi kūbulifi niyengniyeri oho olhon hiya forgešofi erin i aga oho gese: ajige gurun i gukuhe be dasame bibuhe: mafari doro lakcaha be dahūme

十四

siraha dergi bai šurdeme ududu minggan bai niyalma gemu banjibuha hūwasabuha kesi de horibuha ere yargiyan i julgei kooli de sabuhakūngge kai: han sui mukei wesihun san tiyen du bai julergi uthai enduringge han i isinjiha ba tan soorin bi meni sitahūn ejen jurgan i niyalma de hendufi tan soorin be nonggime den amban badarabufi geli wehe be gajifi

十五

bei ilibufi enteheme bibume enduringge han i gung erdemu be abka na i sasa okini seme temgetulehe: ere meni ajige gurun i teile jalan halame enteheme akdafi banjire anggala amba gurun i gosin algin • horon i yabun de goroki ci aname gemu daharangge inu ereci deribumbi kai: udu abka na i amban be araha šun biya i genggiyen be niruha seme • terei tumen de emken inu duibuleci

十六

ojorakū heni muwasame folome temgetulerengge abka gecen silenggi be wasimbufi fundehun obumbi banjibumbi enduringge han ede acabume horon erdemu be sasa selgiyembi

十七

enduringge han dergi babe dailaha juwan tumen cooha kunggur seme geren • tasha pi gurgu i gese wargi amargi gurun gemu agūra be jafafi julerio joro be temšerengge horon ambula gelcuke kai enduringge han umesi gosin ofi gosime wasimbuha hese gisun juwan jurgan i wasimbuha bithe horonggo bime hūwaliyasun: dade liyeliyefi sarkū ofi beye jobolon be baiha

十八

enduringge han i genggiyen hese isinjire jakade • amhafi teni getehe gese meni wang gaif dahahangge horon de gelere teile waka erdemu de dahahangge kai enduringge

han gosifi kesi isibume dorolome sain cira injere arbun i
agūra be bargiyafi sain morin weihuken dahū šangnara
jakade hecen i haha hehe uculeme maktarangge meni wang
ni bahafi bederehengge enduringge han i buhengge kai

十九

enduringge han meni irgen be banjikini seme cooha be
bederebuhe meni facuhūn oho samsiha be gosime meni usin
i weile be huwekiyebuhe efujehe gurun da an i ohongge ere
ice tan i turgun kai: olhoho giranggi de dasame yali
banjibuha tuweri orho i fulehe geli niyengniyeri erin be
ucaraha gese oho: amba giyang ni da jakade den amba wehe
ilibufi san han i ba tumen aniya ojorongge enduringge han i
sain de kai

二十

wesihun erdemunggei cuici aniya jorhon biyai ice jakūn de
ilibuha

　　看完以上石碑的滿文內容，我們有一些問題想提出來討論。
諸如石碑文字的漢文版本如何？清方與朝鮮的漢文版本是不是
一樣？滿、漢文的內容是否一致？滿、蒙、漢三種不同文字是
不是清方寫製的？當時朝鮮政府對建立這塊「功德碑」的態度
如何？這塊石碑有無史料價值？在深入討論這些問題之前，我
們先來看看它的漢文內容。清朝官書《大清太宗文皇帝實錄》
裏是這樣記載的：

大清崇德元年，冬十有二月，寬溫仁聖皇帝，以敗和自
我始，赫然怒，以武臨之，直擣而東，莫敢有抗者。時
我寡君棲於南漢，凜凜若履春冰而待白日者殆五旬，東
南諸道兵，相繼奔潰，西北帥逗撓峽內，不能進一步，
城中食且盡。當此之時，以大兵薄城，如霜風之卷秋籜，
爐火之燎鴻毛；而皇帝以不殺為武，惟布德是先，乃降
敕諭之，曰：來，朕全爾；否，屠之！有若英、馬諸大
將，承皇命相屬於道，於是我寡君集文武諸臣謂曰：予
託和好於大邦，十年於茲矣，由予惛惑，自速天討，萬
姓魚肉，罪在予一人；皇帝猶不忍屠戮，諭之如此，予
何敢不欽承，以上全我宗社，下保我生靈乎？大臣協贊
之，遂從數十騎，詣軍前請罪。皇帝乃優之以禮，拊之
以恩，一見而推心腹，錫賚之恩，遍及從臣。禮罷，即
還我寡君於都城，立招兵之南下者，振旅而西。撫民勸
農，遠近之雉舉鳥散者，咸復厥居，詎非大幸歟！小邦
之獲罪上國久矣。己未之役，都元帥姜弘立助兵明朝，
兵敗被擒。太祖武皇帝止留弘立等數人，餘悉放回，恩
莫大焉！而小邦迷不知悟。丁卯歲，今皇帝命將東征，
本國君臣，避入海島，遣使請成，皇帝允之，視為兄弟
國，疆土復完，弘立亦還矣。自茲以往，禮儀不替，冠
蓋交跡，不幸浮議煽動，搆成亂梯，小邦申飭邊臣，言
涉不遜，而其文為使臣所得。皇帝猶寬貸之，不即加兵，
乃先降明旨，諭以師期，丁寧反覆，不翅耳提面命，而
終未免焉；則小邦羣臣之罪，益無所逃矣，皇帝既以大
兵圍南漢，而又命偏師先陷江都，宮嬪王子，暨卿士眷

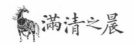

屬，俱被俘獲，皇帝戒諸將不得擾害，令從官及內侍看護。既而大沛恩典，小邦君臣及被獲眷屬，復歸於舊，霜雪變為陽春，枯旱轉為時雨，區宇既亡而復存，宗祀已絕而還續。環東土數千里，咸囿於生成之澤，此實古昔簡策所希覯也！於戲盛哉！漢水上游，三田渡之南，即皇帝駐蹕之所也，壇場在焉，我寡君爰命水部，就其所增而高大之，又伐石以碑之，垂諸永久，以彰夫皇帝之功德，直與造化而同流也。豈特我小邦世世永賴，抑亦大朝之仁聲武誼，無遠不服者，未始不基於茲也！顧摹天地之大，日月之明，不足以彷彿於萬一，謹載其大畧。銘曰：天降霜露，載肅載育，惟帝則之，并布威德。皇帝東征，十萬其師，殷殷轟轟，如虎如貔；西番窮髮，暨夫北落，執殳前驅，厥靈赫濯。皇帝孔仁，誕降恩言，十行昭回，既嚴且溫。始迷不知，伊感自貽，帝有明命，如寐覺之。我后祗服，相率而歸，匪惟怛威，惟德之依。皇帝嘉之，澤洽禮優，載色載笑，爰束干矛。何以錫之，駿馬輕裘，都人士女，乃歌乃謳。我后言旋，皇帝之賜，皇帝班師，活我赤子，哀我蕩析，勸我稼事。金甌依舊，翠壇維新，枯骨再肉，寒荄復春。有石巍然，大江之頭，萬載三韓，皇帝之庥！[6]

當時朝鮮政府的公家文書裏也記載了這塊碑的漢文內容，文字與清官書所記差不多，僅有若干相異之處，現列出作一比較：

------

6 華文書局（輯），《大清太宗文皇帝實錄》，卷49，頁12–16。

朝鮮《仁祖大王實錄》	《大清太宗文皇帝實錄》
皇帝以壞和自我始	寬溫仁聖皇帝以敗和自我始
相繼崩潰	相繼奔潰
如霜風之捲秋籜	如霜風之卷秋籜
由予昏惑	由予惛或
皇帝猶不忍屠戮之	皇帝猶不忍屠戮
予曷敢不欽承	予何敢不欽承
遠近之雉鳥散者	遠近之雉舉鳥散者
不幸浮議扇動	不幸浮議煽動
不啻若提耳面命而終不免焉	不翅耳提面命而終未免焉
卿士家小	卿士眷屬
小邦君臣及其被獲眷屬	小邦君臣及被獲眷屬
環東數千里	環東土數千里
此古昔簡策所稀覯也	此實古昔簡策所希覯也
就壇所增而高大之	就其所增而高大之
豈特我小邦世世而永賴	豈特我小邦世世永賴
畫日月之明不足以仿彿其萬一	日月之明不足以仿彿於萬一
厥靈赫赫	厥靈赫濯
自貽伊慼	伊慼自貽
如寐之覺	如寐覺之
相率以歸	相率而歸
爰束戈予	爰束戈矛
皇帝之休	皇帝之庥

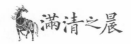

　　由此可見，清朝與朝鮮的碑文用漢字雖差異，卻無關宏旨[7]。

　　我們知道：清朝入關後，在關外製作的史料後來大都運抵北京，中華人民共和國成立後，清宮及重要衙門的文獻檔冊大半歸中國第一歷史檔案館（以下簡稱一史館）收藏，上個世紀八十年代，一史館動員一批專家學者翻譯了不少清初滿文史料，其中就有三田渡石碑的滿文原件，他們翻譯的文字內容是這樣的：

> 大清國崇德元年冬十二月，寬溫仁聖汗知我違棄盟好，勃然大怒，興師來討，長驅直入，莫敢抗禦。彼時，我寡君棲身南漢，誠惶誠恐，猶如履冰待旦。第五十日，東南各路兵相繼崩潰，西北道諸將避入峽谷，節節敗退，寸步難進，且城內糧盡，大軍若攻城，其勢猶如寒風蕩秋葉，柏火燒禽翎。然聖汗以不戮為上，揚德為重，降旨開諭曰：「來則得全，否則遭殃」。遂命英古爾岱，馬福塔等將軍往來游說，我寡君因召文武諸臣曰：「我與大國和好，已有十年，以我之昏憒，招致天討，萬姓遭劫，其罪在我一身。聖汗不忍殺生，如此開導，為全我祖業，護我黎庶，我豈敢違旨耶？」眾官悅服，遂率數騎，請罪於軍前。聖汗仁愛恩撫，面敘衷懷，普施恩澤，降臣均霑。禮畢，即遣我寡主返都城，頃撤南進之兵西去。尚仁撫百姓，勸勉農耕，遞逞流民，還其故居，此非厚澤乎？敝邦之得罪於貴國，時已久矣。己未年，令督元帥

7　《仁祖大王實錄》，收入：國史編纂委員會（編），《朝鮮王朝實錄》，第35冊（漢城：朝鮮國史編纂委員會，1957），卷36，頁14–15。

姜弘烈，往援明兵，兵敗見擒，太祖武皇帝僅留姜弘烈數人，餘皆釋還。恩澤之大者，莫過於此也。然敝邦尚昏庸不明，是以，丁卯年，聖汗命諸將東征，我國君臣，皆避入海島，遣使請和，聖汗允之，結為兄弟國，全我國土，遣姜弘烈還。於是，禮尚往來，使節不斷。然敝邦自起逆端，撰寫不遜之文，申飭邊臣，為來使得而攜去。聖汗仍以寬大為懷，不曾即刻發兵，而先降明旨。屢屢曉諭用兵日期，勝過執耳教誨。如此，敝國猶不樂從，以致我諸臣之過，更難釋免。聖汗之大軍，圍困南漢，復降聖諭，遣發偏師，先取江都，我君臣之妻子盡被擒獲，聖汗諭令諸將，勿得擾害，並令官員太監看守。如此施以沛恩，使我君臣被俘之妻子，依然故我；猶如凍雪逢春分，大旱化時雨，使我敝邦亡而再生，宗祀絕而復續，方圓千里之居民，盡沐養育之恩，此實乃古來未見者也。漢水以東，三田都以南，乃聖汗所至之處，設有壇位，我寡君特令部員，擴建壇位，立碑永誌，使聖汗之功德，與天地共存，此乃敝邦世代賴以為生者也，且遠方諸國之仁德威望，欲來歸者，永將由是始矣，雖作乾坤之弘，繪日月之輝，亦萬不及其一也。今粗雕為碑者，天降霜露，以操萬物之衰蘇，聖汗應此【原檔殘缺】德並揚。聖汗東征【原檔殘缺】軍伍浩蕩，如虎如貔，西北諸眾，皆執器械，奮勇當先，其勢可畏也。然以聖汗之至仁，蒙降恩旨，【原檔殘缺】敕諭，威柔並行。我等生性昏憒，不明事理，自啟禍端，及奉聖旨，方如夢初醒。我君之率眾歸順者，非僅懾於威勢也，【原檔殘

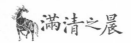
缺】聖汗施恩，和顏悅色，賜以【原檔殘缺】良馬、輕端罩、城中男婦【原檔殘缺】，我君之得歸，乃聖汗之所與得也。聖汗為我民計，特此班師，又仁撫我之流民，勸勉農耕【原檔殘缺】使我敗亡之國，得以再生，乃此新壇之故也。猶如乾骨復蘇，枯木逢春矣。【原檔殘缺】[8]

從以上所引的三件漢文碑文，其中有「壞和自我始」、「敗和自我始」、「知我違棄盟好」等等文字，顯然這篇碑文是朝鮮人以第一人稱起稿寫成的。但事實是不是如此呢？就清朝與朝鮮的史料來看，碑文應是朝鮮政府官員起草，再由清方官員認可。崇德四年 (1639) 冬十一月己未 (初六日)《大清太宗文皇帝實錄》裏記：

先是，上率大軍再征朝鮮，圍國王李倧於南漢山城，俘其妻子，軍民危迫，國勢垂亡，倧始出南漢山城，詣軍門納款。上特加矜宥，聽王還國，歸其妻子，復其國土，輯其人民，封倧王爵如故。至是朝鮮王頌上功德，樹碑於三田渡地方，傳示萬世，以其事奏聞。上遣內院官查布海、李棲鳳、畢禮克圖，偕戶部承政馬福塔、禮部參政超哈爾、刑部參政宗室吳達海等，往觀之[9]。

同年十二月庚戌 (二十八日)，「查布海等還自朝鮮，錄其碑

---

8 中國第一歷史檔案館 (編)，《清初內國史院滿文檔案譯編》，上冊 (北京：光明日報出版社，1989)，頁 448–450。

9 華文書局 (輯)，《大清太宗文皇帝實錄》，卷 49，頁 6–7。

文進呈」[10]。這兩則記事足以說明碑文是朝鮮方面撰寫的。

戰爭發生在崇德元年 (1636) 底，樹碑在崇德四年 (1639) 底才定案，為什麼花費那麼多時間呢？原來這其間負責起草碑文的朝鮮官員們經歷過相當痛苦的掙扎，這種「國恥」的文字誰又願意寫製？況且還有清朝官員的最後「審定」，碑文必然是難產的。朝鮮《仁祖大王實錄》裏有這樣一段記事，可以一讀：「命張維、李慶全、趙希逸、李景奭撰三田渡碑文，維等皆上疏辭之。上不從，三臣不得已，皆製進，而希逸故澁 (案：澀) 其辭，冀不中用；李慶全病不製，卒用景奭之文」[11]。朝鮮文人受宋明理學的影響很深，忠明思想牢不可破，讓他們寫如此歌功頌德的文章，必然使其感到羞辱，故意裝病，或寫得不好，就不能批判他們了。

朝鮮後來把張維與李景奭二人所寫的文稿送到瀋陽讓清朝核定，據朝鮮史料稱他們以咨文送到清朝禮部「煩乞貴部將前項碑文二道，詳細看過，於內擇取合用者定奪以還，使小邦速完豎立之役，毋致遲滯」。同時在這咨文之後，又加小註：「馬夫達等督役，令清蒙人翻書」數字[12]，可見三田渡石碑上的滿、蒙文字是漢字確定後妥覓專人翻譯的。「馬夫達」在清朝史料作「馬福塔」，滿洲文名字應拼寫成為 mafuta，是清朝指派辦理此事的官員。

清朝於崇德三年 (1638) 正月二十六日回咨，准予施行，不過

---

[10] 華文書局（輯），《大清太宗文皇帝實錄》，卷49，頁12。

[11] 《仁祖大王實錄》，收入：國史編纂委員會（編），《朝鮮王朝實錄》，第34冊，卷35，頁36。

[12] 《同文彙考・別編》，卷4，頁6-7。

顯係朝鮮送去的文稿被改動了，《仁祖大王實錄》中有如此記述：「范文程等見其文，以張維所撰引喻失當，景奭之文可用，而但中有添入之語，令我國改撰而用之」[13]。

　　碑文內容用字確定了，但寫成楷書並刻上石塊的工作又經拖延。直到崇德四年 (1639) 夏天，國王李倧還下令：「三田渡碑文速印以送，然後可免貽弊，書寫官不可互相推諉，其令吳竣書寫而給馬鞍送〔達〕（案：馬福塔），篆文令申翊聖書寫」[14]。石碑於同年底完工，十二月初八日正式豎立，這件歷史性的大工程才算順利完成。

　　在上個世紀六○年代與七○年代，我幾次去過漢城（首爾），並親自探訪松坡地區，在三田渡石碑下詳細觀讀，後來又得到該碑的拓本，因而對碑文的研讀有所掌握。加上我幸運的參觀了北京一史館的庫房，有緣拜讀石碑的原始檔案，深感三田渡〈大清皇帝功德碑〉有相當高的史料價值。依我個人的看法，可以提出以下數事：

　　第一，三田渡石碑由於多年風霜經歷，碑文確有部分損壞，造成字跡不清。北京一史館所藏清初國史院舊檔則因霉傷缺爛，使得部分文字殘缺或看讀不清。而清朝與朝鮮的實錄中也各有少數用字之不同，因此可以說這些現存的第一手史料都有些缺陷。再以近百年來亞歐諸專家對碑文滿洲字翻譯一端來說，其中「迷惑」一詞，佛雷塞譯為 miyeliyehun，鴛淵一以為是

<hr />

[13] 《仁祖大王實錄》，收入：國史編纂委員會（編），《朝鮮王朝實錄》，第 35 冊，卷 36，頁 14。

[14] 《仁祖大王實錄》，收入：國史編纂委員會（編），《朝鮮王朝實錄》，第 35 冊，卷 38，頁 38。

liyaliyehun，崔鶴根與成百仁譯作 liyeliyehun，各有不同，等到一史館原檔公開之後，證實崔、成二位所譯正確，解決了問題。又如碑文第三行文尾，因風化損毀，佛雷塞與鴛淵一都不作肯定的音譯，成百仁譯為 gocrokil camasi emgeri，崔鶴根則寫作 golome julesi emgeri。事實上原先舊檔上寫的是 gojimejulesi emgeri，可見諸家譯音都不完善，這也可以看出早年原檔的價值所在。

第二，一史館的原始舊檔也不能說是十全十美，它亦有糟爛的部分和抄寫致誤的地方。現在糟爛不清的文字可以從石碑文字中得到補救，而抄錯之處也可以從碑上滿文部分得到改正。舉一個例子來說，如漢文「遂從數十騎」一語，一史館舊檔中譯文為 "uthai emu udu moringga be gaifi"，而石碑上刻的卻是："uthai emu juwan moringga be gaifi"，舊檔中明顯缺了一個 "juwan"（十）字。由此可見，碑文、舊檔，甚至實錄，彼此之間是可以互相補充與發明的。

第三，滿洲文字雖在清太祖努爾哈齊時代即已創製，但在字的外形與發音上不甚完善。皇太極主政後曾下令改進，給老滿文加上圈點，繕寫分別清楚，並新增很多拼音字母，變成新滿文。崇德四年 (1639) 三田渡碑豎立時，已是加上圈點的新滿文時代，不過新滿文推行還不久，難免在使用上不夠普遍，製作滿文書檔的人也未必能統一，而這個現象正好也反映在石碑與舊檔上。石碑文字定案較早，國史館重抄舊檔應該稍遲一些，所以文字上有了如下的差異：

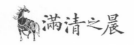

碑　文	舊　檔
jihede（第四行）	jihe de（第二頁）
coohai（第五行）	cooha i（第二頁）
andande（第七行）	andan de（第四頁）
lakcaha akū（第十行）	lakcahakū（第五頁）
tacihiyara ci（第十一行）	tacihiyaraci（第六頁）

　　以上只是少數例子，相信已能說明滿文在演變時刻不統一的情形。

　　第四，前面我已舉出朝鮮《仁祖大王實錄》與《大清太宗文皇帝實錄》中有關碑文漢字的小異處，如果再以滿文碑文來作一核對的話，就會發現雙方不同的可能原因。如：

一、《大清太宗文皇帝實錄》中稱「寬溫仁聖皇帝」是與滿文 "gosin onco hūwaliya san enduringge han" 相符的，《仁祖大王實錄》只用「皇帝」二字似有刪略之嫌。

二、"siran siran i gidabuha" 有「連續被打敗了」的意思，清方用「奔潰」似乎比朝鮮的「崩潰」為佳。

三、《仁祖大王實錄》有「如霜風之捲秋籜」句，其中「籜」字，《說文解字》解為「草木凡皮葉落降地為籜」。而《大清太宗文皇帝實錄》所用之「籜」字則為「竹皮」。由於碑上滿文譯為 mooi（木）abdaha（葉），顯係「籜」字可能是誤寫。

四、「由予昏惑」與「由予惛或」二語中「昏」與「惛」，在古文中含意相去不大，但在《書經・牧誓》中「昏」作「亂」

解，而「愲」字在《廣韻》、《洪武正韻》中則有「不明」、「心不明」之意，滿洲文 farhūn 實含「愚昧不明」、「判斷錯誤」等意。雙方取用漢字的好壞一看便知。

五、《仁祖大王實錄》用「環東數千里」，《大清太宗文皇帝實錄》稱「環東土數千里」，雖是「土」字一字之差，滿文中有 bai（土）一字，我個人以為可能是朝鮮抄漏所致。

六、同樣的，「此古昔簡策所稀覯也」與「此實古昔簡策所希覯也」，也有「實」字之差，既然滿文中用 yargiyan 一字，朝鮮又有抄漏之嫌了。

我之所以如此「小題大作」的舉出以上這些例子（事實上還有類似例子），主要是希望讀者了解滿文史料可供參考之用。

第五，滿洲文字的字彙不多是世界語言學家公認的事實，這也是這種語言日後不能存世的部分原因。在三田渡的石碑上我們也看到這一現象。像「西蕃窮髮」、「爰命水部」等句，滿文幾乎不能明確表達，只簡單作了翻譯，談不上信、雅、達的標準，而全篇更有不少假借漢文作音譯字的，例如：功勞的「功」譯成 gung；「將軍」直譯為 jiyangjiyūn；「都城」的「都」譯為 du；「都元帥」作 du yuwanšuwai；「國王」、「王侯」的「王」譯作 wang；「太監」寫為 taigiyan；「乾旱」的「旱」作 hiya；「設壇」的「壇」作 tan；「碑」作 bei；「江」作 giyang 等等。這些拼音字在滿文中原無意義，那時候一個不懂漢文漢字的滿洲人，相信並不會了解這些拼音的意義。

第六，除了以上這些單字滿文取借了漢文，顯見漢化之外，還有漢人的尊稱、敬語以及文書寫製形式，在碑文中也可以看

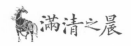

出滿文漢化的跡象。例如在努爾哈齊創製滿文早期，他雖身為部族首領，甚至後來晉升為後金國大汗，滿文寫記他說話時，仍用與一般人說話的「說」(hendume) 字，沒有什麼尊卑之別。可是皇太極繼承大位後，發明了一個 "hese" 的字，意為「諭」，皇太極的談話都是「降諭」，藉以增高滿洲專制的皇權。首領原稱「貝勒」(beile) 或「汗」(han)，也改作「聖汗」(enduringge han)、「皇帝」(hūwangdi) 了。努爾哈齊的廟號叫「太祖」(taidzu)，諡號為「武」(horonggo)，而書寫的時候都得將這些尊號、廟號、諡號「抬寫」，以示尊敬，在在都可以說明當時滿洲漢化日益加深的情形。

　　總之，三田渡的滿文功德碑，是一塊滿洲文金石文獻中的古老遺珍，也是研究古老滿文的一件重要參考史料。從這塊石碑中讓我們了解研究清代學問，有時不但要利用中國的資料，也可能要利用海外的資料。不但應參考公家的官書檔案，也應該參考金石遺珍與民間可靠史料才對。

七 《滿洲實錄》的附圖研究

　　「實錄」是傳統中國史籍中的一種官書，專記皇帝生平事功與國家重要大事。「實錄」二字原意是「據實記錄」，《漢書·司馬遷傳》的贊語裏說《史記》「其文直，其事核，不虛美，不隱惡，故謂之實錄」[1]。不過，到了南北朝時代，有些史官們為了諂諛君主，他們在修纂皇帝生平事跡的書籍時，也以「實錄」作書名。例如周興嗣撰《梁皇帝實錄》三卷，記梁武帝事；謝吳撰《梁皇帝實錄》五卷，記梁元帝事[2]。隋唐以後，各朝史官都幾乎沿襲這一傳統，每當一位皇帝逝世後，繼承大位的新君必下令為前代皇帝修實錄，從此纂修實錄也成為傳統帝制中國中央政府的一項定制。可惜很多朝代帝王實錄因為天災人禍的種種原因，多已毀損不存，最多只能在少數人的文集中看到一些有關的事項。目前尚存於世的僅有明清兩朝的帝王實錄，

1 班固（撰），顏師古（注），《漢書·卷 62·司馬遷傳第 32》（臺北：鼎文書局，1997），頁 2738。

2 魏徵（等撰），《隋書·志第 28·經籍 2》（臺北：鼎文書局，1997），頁 960–961。

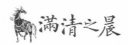

但明朝的不完整，頗多缺佚。清朝因遜位覆亡，未經戰火，故歷任皇帝的實錄全數保存無缺，堪稱史書史上的一大幸事。

明朝末年，滿洲是遼東地區的一個部族，文化程度不高；不過自明萬曆二十七年 (1599) 創製了滿洲文字之後，部族中開始用滿洲文鑄銅錢、題匾額，甚至記錄政軍事務。在努爾哈齊建立後金汗國之前，部族中已有人為他記錄生平功蹟大事，早年留下的老滿文檔冊裏就有這樣的記載：

> sure amba genggiyen han i ilibūha eiten hacin i sain doro be, erdeni baksi ejeme bitheleme gaiha, ...an i bithe ere inu. [3]
>
> （額爾德尼巴克什把聰睿的大英明汗所建立的一切善政都記錄了下來，這是經常的事。案：額爾德尼是人名，巴克什意為文臣，一說是「博士」的轉音。）

努爾哈齊晚年，後金汗國已有「書房」，作為記注政事與貯貯檔案的所在 [4]。皇太極繼位後金大汗後，在天聰三年 (1629) 四月間成立文館，任命文臣十人，分為兩班，分別負責翻譯典籍與記載政事的工作，機構規模與處理事務顯然是擴大而且系統化了。天聰十年 (1636)，在改國號為大清的前夕，皇太極又改文

---

[3] 《舊滿洲檔》，第 1 冊（臺北：國立故宮博物院，1969），頁 129。該檔冊現已第二次重印發行，改名《滿文原檔》。

[4] 羅振玉（編），《天聰朝臣工奏議》，收入：羅振玉（編），《史料叢刊初編》（臺北：文海出版社，1964），奏上，頁 26-27，〈李棲鳳盡進忠言奏〉中有「臣得侍書房已幾七年……」等語，此奏進呈於天聰六年 (1632)，可見書房在天命年間即已存在。

館為內三院，分為內國史院、內祕書院、內弘文院三個單位，其中內國史院即掌管修纂實錄等事[5]。清代國家史館至此正式奠定基礎，歷任君主實錄的纂修也更進一步制度化了。

一、關於《滿洲實錄》的纂修及其內容

乾隆四十四年 (1779) 正月三十日，大學士于敏中等上奏皇帝，奏文中有：

> 前奉諭旨，令主事門應兆，恭繪開國實錄，圖內事蹟，應派員繕寫，擬分清字、蒙古字、漢字，各派中書四員，在南書房恭繕，並輪派懋勤殿行走翰林一人入直，照料收發。報聞[6]。

從這段文字中我們可以看出，皇帝曾下令門應兆繪製開國實錄圖，並派中書十二人分別以滿、蒙、漢三種文字繕寫「圖內事蹟」，清楚地說明了這部開國實錄有圖有文，且分別以滿、蒙、漢三種文字記事。而「繕寫」二字又似乎說明這不是一部新修纂的書，應是一部舊作的重寫本。

《國朝宮史續編》進一步解釋了這件事，書中記道：「高宗純皇帝敬覽乾清宮所藏太祖實錄戰圖乃盛京舊本，特命依式重繪，一貯尚書房，一恭送盛京尊藏」[7]。清高宗純皇帝就是俗

---

[5] 華文書局（輯），《大清太宗文皇帝實錄》（臺北：華聯出版社，1964），卷5，頁 11–12。

[6] 華文書局（輯），《大清高宗純皇帝實錄》（臺北：華聯出版社，1964），卷1075，頁 25。

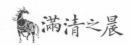

稱的乾隆皇帝，他在乾清宮中看到瀋陽舊本「太祖實錄戰圖」，乃命臣工們「依式重繪」，可見當時製作的不是新書。

至於「開國實錄」與「太祖實錄戰圖」究竟有什麼關係呢？《滿洲實錄》一書給了我們一個很好的答案。該書卷末有乾隆皇帝御製的〈敬題重繪太祖實錄戰圖八韻〉，其註文說：「實錄八冊，乃國家盛京時舊本，敬貯乾清宮，恐子孫不能盡見，因命依式重繪二本，以一本貯上書房，一本恭送盛京尊藏，傳之奕世，以示我大清億萬子孫毋忘開創之艱難也」。乾隆四十六年(1781)五月辛巳（初九日）皇帝又降諭說：「開國實錄，著八阿哥，傳原寫清漢蒙古字各員，敬謹再繕一分，並著門應兆，照舊繪圖」[8]。這一部重繪的開國實錄也有「敬題八韻」詩與註文，而且在註文之後，又新加了如下的字樣：「茲復命敬繪此冊，貯之避暑山莊，以便披閱」。

根據以上的記述，我們可以了解：第一，乾隆四十年代重繪或重繕的實錄都是依據盛京舊本製成的。第二，當時一共重製三部，一藏北京宮中上書房，一藏盛京（瀋陽），一藏熱河避暑山莊。第三，我們看到的「敬題八韻」詩與註文都是寫記在《滿洲實錄》第8冊卷末的，可見所謂的「開國實錄」、「太祖實錄戰圖」，後來都以《滿洲實錄》為正式的書名了。

《滿洲實錄》既然是依據「盛京舊本」重製而成，那麼「舊本」又是指那些書檔呢？如前所述，在努爾哈齊時代，大臣已用他們自創的滿洲文字寫記檔冊了，皇太極繼位後又成立類似

7 慶桂（等編纂），左步青（校點），《國朝宮史續編·卷97·書籍23》（北京：北京古籍出版社，1994），頁956。

8 華文書局（輯），《大清高宗純皇帝實錄》，卷1130，頁19。

史館的文館，記注與編纂史冊的工作似已展開。天聰六年 (1632)，有位投降滿洲的漢人楊方興向皇太極條陳時政時提到一些建議，其中有一條是：「編脩國史：從古及今，換了多少朝廷，身雖往而名尚在，以其有實錄故也。書之當代，謂之實錄，傳之後世，謂之國史，此最緊要之事」[9]。皇太極是位傾心於漢族文化的人，他在位期間，不但學習漢族文化，借鑑漢族文化，還特別重視漢人的政治經驗，因此他先後成立文館，仿照明朝制度設立六部，舉辦漢人的科舉考試，翻譯漢文經史古籍。楊方興的建議顯然被他接受了；三年以後，即天聰九年 (1635) 八月初八日實錄中出現如下的記事：「畫工張儉、張應魁，恭繪太祖實錄圖成，賞儉，人口一戶、牛一頭；應魁，人口一戶」[10]。最古老的滿洲文檔冊裏也記載了這件事，日期與上引漢文實錄相同，但內容略有加詳之處，值得一讀：

tere inenggi sure kan, nenehe genggiyan kan i yabuha kooli bithe be juwe howajan jang jiyan, jang ing kui de niru seme afapuha weile be nirume wajiha sain seme jang jiyan de emu juru niyalma, emu ihan, jang ing kui de emu juru niyalma šangnaha. [11]

---

[9] 羅振玉（編），《天聰朝臣工奏議》，收入：羅振玉（編），《史料叢刊初編》，奏上，頁 45。

[10] 華文書局（輯），《大清太宗文皇帝實錄》（臺北：華聯出版社，1964），卷 24，頁 22。

[11] 《舊滿洲檔》，第 9 冊（臺北：國立故宮博物院，1969），頁 4415。文中 sure kan 指天聰汗皇太極，genggiyan kan 指英明汗努爾哈齊。kan 是 han（汗）的古寫，另 afapuha 也是 afabuha 的古寫。

（那天，聰睿汗用先前英明汗實際經歷的書文，命兩個畫匠張儉、張
應魁畫出。這項託付的事完成了；因為畫得好，便賞了張儉兩個人，
一條牛；給張應魁兩個人。）

　　據此可知：最早記述努爾哈齊一生重要事功的書是由兩位
畫匠張儉、張應魁畫成的，他們所依據的資料是努爾哈齊生前
「實際經歷的書文」，也就是照滿族在關外創建龍興大業時留下
的古老檔冊內容繪製。我們知道：努爾哈齊與皇太極在關外崛
起時曾以老滿文與新滿文寫下三千多頁舊檔，記錄當時部族中
大小事務，包括「八旗牛彔之淵源，賞給世職之緣由」，特別是
滿族統一女真、打敗蒙古、朝鮮以及與明朝抗爭的歷次戰事。
這批檔冊後來被人以不同的名稱稱呼，如《檔子》、《日記》、《無
圈點檔》、《無圈點滿文檔子》、《有圈點滿文檔子》、《滿文老檔》、
《滿洲祕檔》、《老滿文原檔》、《舊滿洲檔》、《滿文原檔》等等，
這些不同名稱當然是與各時期的時代背景和日後重鈔、影印有
關[12]。
　　明朝末年滿族在遼東寫記這批檔冊時，當時人稱它們為《檔
子》（dangse，漢官說是《日記》）。由於老滿文沒有圈點辨別字形，
皇太極時代乃加上圈點而成為新滿文，所以又有了「無圈點」
與「有圈點」之別。清朝入關後，這些舊檔被帶到北京，直到
乾隆年間才被人發現。皇帝下令重鈔幾份新舊滿文的複製本，
分藏於北京、瀋陽等地。瀋陽的複製本在光緒末年被日本人發
現並公諸於世，稱為《滿文老檔》。上世紀六〇年代末臺北國立

---

[12] 請參看：陳捷先，《〈舊滿洲檔〉述略》，收入：國立故宮博物院（編），《舊
　　滿洲檔》（臺北：國立故宮博物院，1969）。

故宮博物院影印了明末原件，稱為《舊滿洲檔》，本世紀初該院再次影印該書，更名為《滿文原檔》。今日這批世界僅有的古老滿文檔案，其史料價值不是任何清代其他史料可以取代的。

天聰十年 (1636) 四月，皇太極改國號金為清時，一切典章制度不僅更新，也更為健全。然而，如果清太祖努爾哈齊的實錄僅是一本畫冊，畢竟不成體統，因此太祖實錄也出現了新版本。崇德元年 (1636) 十一月十五日，清官書裏記載努爾哈齊實錄告成，舉行隆重典禮的事，文中有：「禮部官受表文於御前跪讀，表云：……臣等欽奉上諭，纂修太祖……武皇帝實錄，謹以滿洲、蒙古、漢字，編譯成書，……恭進以聞」[13]。顯見此次編纂完成的努爾哈齊實錄是以滿、蒙、漢三種文字撰寫的。總之，清太宗皇太極繼承大汗寶位以後，確曾為他父親努爾哈齊纂修過兩種實錄，一是以繪圖為主的《太祖實錄戰圖》，一是以滿、蒙、漢三種文字分別寫成的《大清太祖武皇帝實錄》。

如果我們深入地研究一下《大清太祖武皇帝實錄》與《滿洲實錄》的內容，會發現這兩種書有很多相似之處，或者可以說它們基本上是相同的。例如：

㈠兩書都是以滿、蒙、漢三種文字編寫。

㈡兩書卷首都不像日後重修的太祖實錄那樣具有序、表、凡例、目錄等文字[14]。

㈢兩書也都沒有重修或定本太祖實錄中寫記的五十多道太祖諭

---

[13] 華文書局（輯），《大清太宗文皇帝實錄》，卷32，頁 9–12。

[14] 乾隆四年 (1739) 重修的定本《大清太祖高皇帝實錄》即在卷首增列序、例、表、目錄等數十頁。

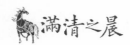

旨[15]。

㈣兩書對史事發生的時間記得不甚精確,更無「補朔」的現象[16]。

㈤兩書對若干淫亂事件照記不誤,不像定本實錄因漢俗道德觀念而被刪除。

㈥兩書卷末都寫記了多爾袞生母被逼殉葬的事,而定本裏沒有這段記事。

　　不過,因為時代與環境的不同,晚出的《滿洲實錄》在用字遣詞上有了一些變化,以下列表可作簡要說明:

《大清太祖武皇帝實錄》　　　　　　　《滿洲實錄》

㈠佛庫倫後生一男,生而能　　　佛庫倫後生一男,生而能言,
　言,倐(案:倐)爾長成。母　　條爾長成。母告子曰:天生汝
　告子曰:天生汝實令為夷國　　實令汝以定亂國,可往彼處,
　主,可往彼處,將所生緣由,　　將所生緣由,一一詳說。
　一一詳說。

㈡覺常剛第四子塔石嫡夫人　　 貼黃 第四子 貼黃 嫡福金
　阿姑都督長女,姓奚塔喇,　　乃阿古都督長女,姓喜塔喇,
　名厄墨氣,生三子,長名弩　　名 貼黃 ,生三子,長名 貼黃
　兒哈奇(即太祖),號淑勒貝　　(即太祖),號淑勒貝勒(淑勒貝

---

[15] 定本太祖實錄中增記的五十多道諭旨,並非後世史官任意加添,其中多為古舊滿文檔冊中之太祖當年談話。

[16] 早年漢文實錄記事因追記而無法註明精確日期,常以「某」月內大概述之,康熙朝重修清初三朝實錄時,為「符合實錄體式」,在每個月份之前都加上「某某干支朔」字樣,如「丁亥春正月,庚寅朔」等。

勒（淑勒貝勒，華言聰睿王也），次名黍兒哈奇，號打喇漢把土魯。三名牙兒哈齊。……

㈢……後太祖奏大明曰：祖父無罪，何故殺之？詔下言汝祖父實是誤殺，遂還其屍，仍與敕書三十道，馬三十匹。

勒漢語聰睿王也），次名舒爾哈齊，號達爾漢巴圖魯，三名雅爾哈齊。……

太祖告明國曰：祖父無罪，何故殺之？明覆曰：汝祖父實是誤殺。遂以屍還，仍與敕書三十道，馬三十匹。

　　上舉三例中，例㈠《大清太祖武皇帝實錄》稱女真諸部為「夷國」，《滿洲實錄》改作「亂國」。例㈡《滿洲實錄》中敬諱一些御名，包括努爾哈齊自己以及他的祖父、父親、母親等人。例㈢則是以清朝為正統的書法，不見尊明的語氣。我們知道：《滿洲實錄》的編製是在清朝入主中原一百多年之後，是時不僅滿族漢化日深，朝廷亦大興文字獄案，編史的書法當然與滿族在關外的情況不同，用字遣詞會有上述改變應是必然的。

　　最有趣也值得我們注意的是《太祖武皇帝實錄》與《滿洲實錄》的滿洲文字部分，竟然有很多未經改變的相同之處，如對明朝仍用敬語，稱為 daiming gurun（大明國），稱努爾哈齊以及他的父、祖一概直呼其名為 nurhaci（努爾哈齊）、giocangga（覺昌安）、taksi（塔克世）等等，沒有敬避御名的講求。又記述時間不用干支，只寫數字，如「四月十五日」作 duin bayai tofohon de；有時還會用更古老的寫法，像「二月」寫成 niyenniyeri dulimbai biya de（春天當中的月份）；「四月」寫作 juwari ujui biya de（夏天頭一個月）；「九月」寫作 bolori dubei biya de（秋天末尾的月）

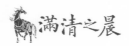

等等，與《大清太祖武皇帝實錄》所載相同[17]。他如記述皇太極母親死後以婢女殉葬的事，定本實錄裏因康熙朝下令廢除殉葬陋俗而刪除了，初修於關外時代的《大清太祖武皇帝實錄》則記下此事，同書滿文部分記得更清楚，全文為："taidzu sure beile haji fujin ofi, delheme yadame, fujin i takuraha duin sain hebe, be dahabuha."（由於太祖聰睿貝勒所愛的福金，單獨的（死）去了，便將福金使喚的四個好婢女殉葬了）。《滿洲實錄》中也一字不改鈔寫了如上的文字[18]，可見從滿洲文字記事部分來看，兩書顯然是一致的。

我翻閱了《大清太祖武皇帝實錄》與《滿洲實錄》的滿洲文各章，發現記事內容幾乎相同，只有一些單字稍有差異，例如：第一類，《太祖武皇帝實錄》中「七月裏」寫成 nadan biyade，《滿洲實錄》則寫成 nadan biya de。「蒙古的」在《大清太祖武皇帝實錄》寫作 monggoi，在《滿洲實錄》寫成 monggo i。連寫是老滿文的寫法，分開寫是新滿文的寫法，兩書既然是完成於不同時代，必然會有如此差異。第二類是用滿文拼切漢字的問題，《大清太祖武皇帝實錄》中拼瀋陽、山、太子河分別為 sen yang、san、taidzi hoo，《滿洲實錄》中則拼成 šen yang、šan、taidzi ho，發音變得更正確，而且有捲舌音的字母分辨，比老滿文更為進步。第三類是《大清太祖武皇帝實錄》原先寫錯的字，

---

[17] 這類古老的記時寫法只有在《舊滿洲檔》、《大清太祖武皇帝實錄》以及《滿洲實錄》等還看得到，後世修纂的滿洲文書中就少見了。至於漢文官書，則一概依漢人傳統，以干支記時，並加註朔日等等。

[18] 《滿洲實錄》，第 1 冊（臺北：臺聯國風出版社，1969），癸卯年九月條，（卷3）頁 467–472。

在纂修《滿洲實錄》時被繕寫的人改正了，如 weje（渥集，部族名）改為 weji；boihoji（貝和齊，人名）改為 boihoci；burlafi（逃走了）改為 burulafi。此三類差異可以說是《滿洲實錄》的正確與進步之處，惟並不表示兩書內容是不同的。

　　綜合以上所述，我個人以為《滿洲實錄》三種文字部分應是脫胎於《大清太祖武皇帝實錄》。至於《滿洲實錄》的附圖，從乾隆的諭旨、八韻詩註文以及《續編國朝宮史》等史料可以證明，是依照原藏盛京宮中的《太祖實錄戰圖》重繪，這也應該是可靠的推論。

二、《滿洲實錄》的附圖

　　乾隆四十年代修纂的《滿洲實錄》，實在是一部很特別的官書，書中文字不但以滿、蒙、漢三種文字繕寫，內文又保留不少對明朝禮敬的用詞以及一些愛新覺羅家族的內幕醜聞；而且其書名也不同於一般的皇帝實錄。例如，康熙皇帝的實錄名為《大清聖祖仁皇帝實錄》，乾隆皇帝的實錄名為《大清高宗純皇帝實錄》，而清太祖努爾哈齊的實錄竟稱為《滿洲實錄》！更特別的是，《滿洲實錄》中配有八十二幅附圖，這也不見於中國歷代帝王實錄。現在我且列表如下，說明這些附圖的大概內容：

1. 長白山
2. 三仙女浴布勒瑚里泊
3. 佛庫倫成孕未得同昇
4. 佛庫倫臨昇囑子
5. 三姓奉雍順為主
6. 神鵲救樊察
7. 都督 貼黃 計殺仇人
8. 滿洲發跡之處
9. 太祖初舉下圖倫
10. 太祖計殺諾密納、蕭喀達

11.碩翁科羅、巴遜敗哈達兵

12.太祖宥養理岱

13.太祖大戰瑪爾墩

14.太祖宥鄂爾果尼洛科

15.太祖戰殺訥申、巴穆尼

16.太祖四騎敗八百兵

17.太祖獨戰四十人

18.齋薩獻尼堪外蘭首

19.額亦都克巴爾達

20.太祖招撫扎海

21.太祖射柳於洞野

22.三部長率眾歸降

23.太祖兆佳城大戰

24.太祖射敵救旺善

25.太祖富爾佳齊大戰

26.羣鴉路阻兀里堪

27.太祖大敗九部兵

28.太祖恩養布占泰

29.三將圍攻佛多和山城

30.王格、張格來貢

31.太祖養蒙格布祿

32.恩格德爾來上尊號

33.揚古利戰退烏拉兵

34.洪巴圖魯、代善貝勒敗烏拉兵

35.太祖滅輝發國

36.阿爾哈圖圖們、阿敏貝勒克宜罕山城

37.額亦都招九路長見太祖

38.阿巴泰取烏爾古宸、木倫

39.三將克扎庫塔

40.太祖率兵伐烏拉

41.太祖義責布占泰

42.太祖敗烏拉兵

43.太祖乘勢取烏拉城

44.太祖招撫扈實木繳坦

45.太祖建元即帝位

46.天助冰橋

47.太祖取撫順降李永芳

48.太祖陣殺張承廕

49.太祖兵進范河界

50.太祖率兵克清河

51.太祖破杜松營

52.四王 貼黃 破龔念遂營

53.太祖破馬林營

54.太祖破潘宗顏營

55.四王 貼黃 敗劉綎前鋒

56.四王 貼黃 破劉綎營

57.諸王破康應乾營

58.阿敏貝勒敗喬一琦兵

59.姜功立率兵歸降

60.李如栢驚走呼蘭

61.太祖克開原

62.太祖克鐵嶺

63.太祖敗齋賽兵

64.陣擒齋賽見太祖

65.太祖滅葉赫

66.太祖畧蒲河懿路

67.四王 貼黃 敗朱萬良兵

68.太祖克瀋陽

69.太祖破陳策營

70.四王 貼黃 大敗三總兵

71.太祖破董仲貴營

72.四王 貼黃 大敗五總兵

73.太祖率兵克遼陽

74.太祖大宴羣臣

75.太祖兵克西平堡

76.太祖大兵陣殺劉渠

77.廣寧官生出城納降

78.大王褚英、四王 貼黃 克義州

79.阿巴泰、德格類、齋桑古、岳託大破昂安

80.太祖率兵攻寧遠

81.武訥格敗覓華島兵

82.四王 貼黃 射死囊努克

　　從以上目錄我們不難看出《滿洲實錄》的附圖描繪了滿族開國神話、清室先世源流、太祖崛起緣由、女真諸部統一、滿族征討蒙古、朝鮮、對抗明朝和族中重大典禮，以及滿蒙生活習俗等等，可以說是滿洲興起與努爾哈齊一生大事偉業的縮影，也是所謂太祖「所建立之一切善政的紀錄」。這八十二幅圖畫中有八成以上是與戰爭有關的，相信這也是將其稱為《太祖實錄戰圖》的原因。

　　附圖中有近四十幅與統一女真諸部的戰役有關，包括最早為父祖報仇的攻克圖倫城之役，和用兵於蘇克蘇滸河部、渾河部、王甲部、董鄂部、長白山部，以及併哈達、滅輝發、征烏拉、毀葉赫、降虎爾哈、瓦爾喀等戰事。至於對明朝的戰爭圖

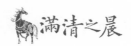

約有三十多幅，如撫順之役、清河之役、薩爾滸山大戰、克開
原、陷鐵嶺、破瀋陽、攻遼陽以及廣寧、寧遠等戰爭，皆有圖
紀功存念。另外約有四幅與蒙古有關的戰事圖，描繪擒齋賽（又
譯為介賽）、破昂安、射殺囊努克等，故此，把附圖名為戰圖並不
誇張。

　　由於附圖的內容多是明末努爾哈齊創建龍興大業時的情
景，相信不是兩百年後生活於乾隆時代的人所能想像，也非少
數服務於北京內廷臣工們所能隨意繪製，因此我個人以為這批
附圖應該不是門應兆等人自創的作品。若說明末若干的戰爭場
景、當時人物的肖像、各方陣容武器、各族人士服飾等等，都
能被幾個漢族的善畫臣工在極短時間內猜想繪出，應該也是不
太可能的事。再由乾隆皇帝諭令中用了「重繪」、「照舊繪畫」
以及官書裏記「太祖實錄戰圖乃盛京舊本，特命依式重繪」等
語，我們有理由相信門應兆等人是依據皇太極時代製作的原圖
進行重繪。另外我們看到乾隆時代曾利用西洋傳教士以歐洲畫
技完成不少「十全武功」戰圖，幅幅注重結構與光影明暗，很
具立體感，甚至還遠赴巴黎製版，可謂力求精美。乾隆帝既重
視祖先舊事，為什麼不讓內廷洋人畫家畫這批附圖呢？顯然乾
隆時代完成的《滿洲實錄》附圖並非新作，而是門應兆等「重
繪」而成。

　　最後，值得一提的是《滿洲實錄》附圖中有一幅題名應該
是錯誤的，即第七十八幅題名為「大王褚英、四王 貼黃 克義
州」[19]。我們查閱《大清太祖武皇帝實錄》文字部分記事為：

---

[19] 《滿洲實錄》，第 3 冊（臺北：臺聯國風出版社，1969），大王褚英、四王
貼黃 克義州圖，（卷 7）頁 1341。

「命大王、四王領兵至義州」[20]。《大清太祖高皇帝實錄》卷8記天命七年 (1622) 正月事也提到:「大貝勒、四貝勒引兵至義州」[21]。就連《滿洲實錄》滿文部分也說是「amba（大）beile（貝勒），貼黃 beile（貝勒）cooha（軍隊）gaifi（率領了）i（義）jeo（州）……」（意為「大貝勒，貼黃 貝勒，率兵義州……」）[22]。貼黃是表示敬避御名，皇太極當上大汗，後登上皇位，禮當避諱，所以貼黃，如果是褚英，他是沒有身分或資格被貼上黃紙以示尊敬的。再說褚英已在明萬曆四十三年 (1615) 逝世，這裏率兵去義州的事發生在清太祖天命七年 (1622)，兩者相差七年，而褚英已不在人間，當然附圖的標題是錯了。至於漢文實錄裏記「四王」、「四貝勒」，是由滿洲文 duici（第四）beile 翻譯來的；褚英死後，代善居長，因被稱為 amba（大）beile，皇太極在四大貝勒中因年紀最輕，排名第四，所以稱為「四貝勒」或「四王」，這是當時滿文檔冊常用的書法。總之，附圖用「大貝勒」稱謂而把代善誤寫為褚英，是不正確的。

三、《滿洲實錄》附圖的史料價值

中國一般古籍中出現附圖的事由來已久，先秦時代的文獻資料即可證明。兩漢以後，地記、圖經、方志、族譜等書，都有附圖，有寫山川形勢的，有劃行政區域的，有描「四至八到」

---

[20] 《大清太祖武皇帝實錄》，收入：續修四庫全書編纂委員會（編），《續修四庫全書》，第 368 冊（上海：上海古籍出版社，1995），卷4，頁1。

[21] 華文書局（輯），《大清太祖高皇帝實錄》（臺北：華聯出版社，1964），卷8，頁14。

[22] 《滿洲實錄》，第 3 冊，壬戌年正月條，（卷7）頁 1343–1344。

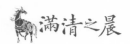

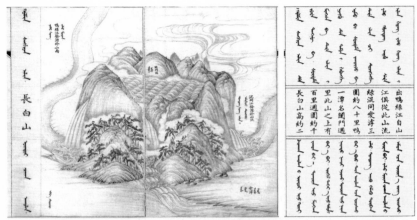

圖 1 《滿洲實錄》書影　圖左為長白山地圖，圖右的上、中、下三格依序為滿文、漢文、蒙文。

（交通）的、有繪先人圖像與祠堂、墓塚的。還有一些專書分類繪畫各族人民服飾與生活環境，或是各種醫用草藥，真是不一而足。這些繪圖確實都能為讀者加深印象，有助於理解書中的文字說明。不過，自古以來，帝王實錄附加繪畫卻是罕見，《滿洲實錄》堪稱特例。

《滿洲實錄》中的附圖雖不符合中國傳統官書的體式，但它們卻具有特殊的史料價值，以下是我個人的一些看法：第一，《滿洲實錄》的附圖以戰圖為主，書中從清太祖努爾哈齊攻打圖倫城的戰爭開始，一直到他辭世前不久的征寧遠、討喀爾喀蒙古巴林部的戰事，都有圖畫紀錄。又統一建州女真、海西女真以及野人女真的過程也多有圖畫來說明。尤其對明朝的戰爭，可謂無役不畫，其中關鍵的薩爾滸山大戰，附圖竟有十幅之多，當時對此役的重視不言可知。我們從附圖的數量可以了解這些戰爭對清朝興起與開國帝王和功臣們的重要性，同時附圖的內

容更讓我們看出當日戰爭的若干實際情形，例如：㈠攻城：滿
洲軍隊攻城多用雲梯，雲梯如何運送、如何架設、如何攀登，
地上軍隊如何支援等等事項，我們在圖2、圖3、圖4中可以窺
知情形。㈡野戰：明朝末年有「滿兵上萬，天下無敵」的傳言，
滿兵之所以「無敵」，全在他們善野戰，圖5、圖6相信可以說
明他們機動性強、行軍神速。㈢武器：滿洲人與其他的女真各
部族人（事實上現在都以滿族稱之），在明朝末年使用的武器，不外
刀、劍、長矛、弓箭之類，這些武器在前引圖中也能清楚地透
現出來。而當時的明軍除用刀槍等傳統武器外，又具備了舊式
火器如鳥鎗、火砲等，可以說是冷熱軍器並用的軍隊，《滿洲實
錄》的附圖亦有描繪；尤其砲位布置的情形與鳥鎗施放的實狀

圖2　太祖滅輝發國（局部）

圖3　大王褚英、四王 貼黃 克義
州（局部）

在圖畫中也可以了解其梗概。圖7對馬林的陣勢作了寫真，實錄文字部分所寫的「……壕外列大砲，砲手皆步立。大砲之外，又密佈騎兵一層……」，可謂盡在畫中；戰敗後砲手狼狽逃走與騎兵奔竄的情景直接的映入觀者的眼簾。圖8中對「戰車」形狀作了描繪，圖9中則說明鎗、砲兼放的場景，這些都可以補強文字說明的不足。薩爾滸山大戰，在《大清太祖武皇帝實錄》記「諸王破康應乾營」一節中有如下的文字：「……應乾部下兵，皆執筤筅杆長鎗，披籘皮甲。朝鮮兵皆被紙甲、柳條盔」[23]。「筤筅杆長鎗」、「籘皮甲」、「紙甲」、「柳條盔」等武器、軍裝，現代人實在毫無概念，即使在軍事專書裏可能也不一定能找到

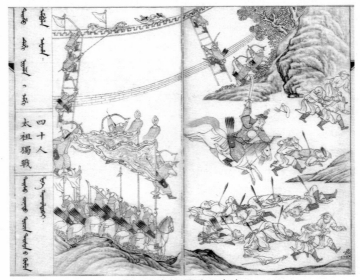

圖4　太祖獨戰四十人

---

[23] 《大清太祖武皇帝實錄》，收入：續修四庫全書編纂委員會（編），《續修四庫全書》，第368冊，卷3，頁3。

圖 5　太祖大敗九部兵

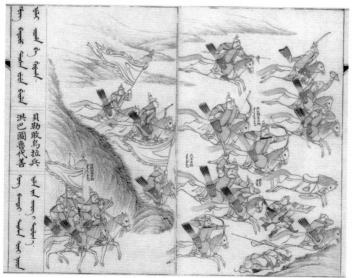

圖 6　洪巴圖魯、代善貝勒敗烏拉兵

圖 7　太祖破馬林營

圖 8　四王 貼黃 破龔念遂營

圖 9　太祖破潘宗顏營

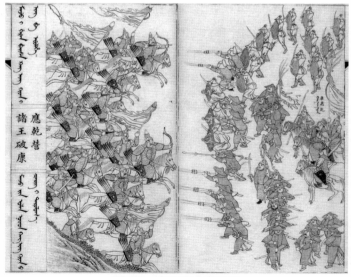

圖 10　諸王破康應乾營

圖 11　太祖大戰瑪爾墩

答案，相信圖 10 對說明此事會有些幫助。㈣其他戰具：努爾哈齊起兵統一女真諸部不久，軍中就有「戰車」的裝備了。在大戰瑪爾墩一役中，《大清太祖武皇帝實錄》中記：「……直抵馬兒墩山下，見山勢陡峻，乃以戰車三輛並進。路漸隘，一車前進，二車隨之。將近城下，路愈隘，令三車前後聯絡上攻」[24]。這種「戰車」究竟是什麼樣子？操作情形如何？我們不得而知。不過看了《滿洲實錄》附圖後，我們對它有了較清楚的認識，如圖 11 所示。

　　第二，《滿洲實錄》的書名，如前所述，並不合乎傳統皇帝實錄；由於該書的內容是記述清太祖努爾哈齊一生的事蹟，而

---

[24] 《大清太祖武皇帝實錄》，收入：續修四庫全書編纂委員會（編），《續修四庫全書》，第 368 冊，卷 1，頁 6。

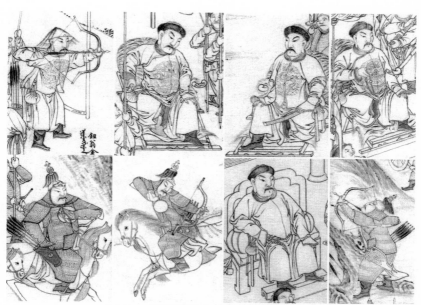

圖 12　《滿洲實錄》中的努爾哈齊畫像

且是早年在關外寫成的《大清太祖武皇帝實錄》舊本，所以該
書可以說就是努爾哈齊的實錄。努爾哈齊既是該書的主人翁，
附圖當然也經常出現努爾哈齊的身影。我們無法知道其身形樣
貌究竟是張儉、張應魁憑想像繪出，或是依努爾哈齊長相勾勒
而成。不過繪畫完成於皇太極時代，人像不應該太離譜，因為
努爾哈齊的子、侄、孫輩以及同時代的人多還健在，如果繪畫
完全不像努爾哈齊，必然不能讓人接受。乾隆時門應兆等人也
是依樣照描，顯然會保存原貌，所以《滿洲實錄》附圖中繪出
的努爾哈齊人像應當近似，多少有相當程度的可信度。圖 12 是
我從《滿洲實錄》附圖中隨意挑出的一些努爾哈齊畫像，供讀
者諸君欣賞。

　　我個人以為，《滿洲實錄》中的努爾哈齊畫像與本人應該是相差不多的，因為朝鮮人申忠一曾經在努爾哈齊崛起後不久，到舊老城費阿拉見過這位女真新領袖，他筆下的努爾哈齊相貌是：「不肥不瘦，軀幹壯健，鼻直而大，面鐵而長」[25]。而另外一位名叫李民宬的朝鮮人，他在薩爾滸山大戰後投降了後金，被拘禁留住一年多才獲釋返國，他後來寫了一本名《柵中日錄》的回憶文章，文中也提努爾哈齊的相貌，他說：「奴乙可赤（案：努爾哈齊）……容貌精厲，年近七十，而頗強健」[26]。這兩位親身見過努爾哈齊的人，其所寫的文字，似乎與《滿洲實錄》附圖中的努爾哈齊有近似之處，由此可見畫像對我們認識努爾哈齊是有幫助的。

　　除了努爾哈齊之外，《滿洲實錄》附圖中還繪出不少當時滿、蒙、漢等族文官武將的相貌，如滿族的褚英、代善、皇太極、阿敏、額亦都、碩翁科羅巴圖魯、揚古利等；漢族的李永芳、馬林、潘宗顏、喬一琦等；蒙族的恩格德爾、齋賽等。這些人的面貌也是值得吾人參考的。由於篇幅有限，這裏不能盡舉。

　　第三，在四十多年的戎馬生涯中，努爾哈齊幾乎是戰無不克，攻無不取，武功之盛，是古代創業帝王中少見的，因此附圖中描繪他的戰圖最多。不過他從一個默默無聞的人搖身一變而成為女真領袖，乃至後金國大汗，這期間也有不少事蹟值得

---

[25] 申忠一（著），遼寧大學歷史系（編），《建州紀程圖記校注》，收入：遼寧大學歷史系（編），《建州紀程圖記校注／漢譯韃靼漂流記》（瀋陽：遼寧大學歷史系，1979），頁24。

[26] 李民宬，《紫岩集‧建州聞見錄》，收入：杜宏剛、邱瑞中（等編），《韓國文集中的明代史料》，第10冊（桂林：廣西師範大學出版社，2006），頁388。

繪圖以紀功存念，例如圖 13: 被征服的女真部落來朝貢；圖 14:
蒙古部落來上尊號以示崇敬；圖 15 和圖 16: 漢族與朝鮮人戰
敗投降等。另外還有喜樂典禮一類的場景，如努爾哈齊即後金
大汗位的典禮，以及努爾哈齊大宴群臣的情況，也都一一入畫，
請參看圖 17 及圖 18。

　　以上這些畫作，我以為可以從下列數事來談談其史料價值:

㈠圖 13〈王格、張格來貢〉一幅，《滿洲實錄》漢文部分只記:
　「東海窩集部內瑚爾哈路二路長王格、張格率百人來，貢土
　產黑、白、紅三色狐皮，黑、白二色貂皮」。滿文部分意思差
　不多寫成 "dergi mederi weji i aiman i hūrgai goloi wangge,
　jangge gebungge juwe amban tanggū niyalma be gaifi sahaliyan,
　šanggiyan fulgiyan ilan hacin i dobihi sahaliyan, šanggiyan seke
　benjime, taidzu sure beile de hengkileme jihe." 滿、漢文中都沒
　有說到狐皮與貂皮是以何種方式送來的（滿文 benjime 意為「送
　來」，漢文用「貢」字），只有繪畫上給了我們一個簡單古樸的送
　禮場景: 獸皮是用竹竿或木棍掛著送來的。

㈡圖 17〈太祖建元即帝位〉與圖 18〈太祖大宴羣臣〉是兩幅充
　滿歡愉氣氛的附圖，前者是努爾哈齊已削平各部、建立八旗
　制度與五大臣等軍政規模之後，諸王經會議決定，上尊號為
　「列國沾恩英明皇帝，建元天命」所舉行的大典實況。後者
　則是努爾哈齊稱帝（汗）後不斷戰敗明軍，取得眾多大小城市
　之時，為犒賞諸王將領們所舉辦的大宴場面。圖中都有樂隊
　在演奏，樂器有銅鈸、大鼓、喇叭、嗩吶等，這是歡樂場合
　應有的，但有樂隊列班之事，實錄中的滿、漢文字都沒有記

圖 13　王格、張格來貢

圖 14　恩格德爾來上尊號

圖 15　太祖取撫順降李永芳

圖 16　姜功立率兵歸降

圖 17　太祖建元即帝位

圖 18　太祖大宴羣臣

圖 19　太祖率兵伐烏拉

述，由此也可以證明附圖能增補文字史料的不足。更有趣的是滿洲軍隊在當年征伐的戰役中，有時也帶樂隊助陣，如圖19〈太祖率兵伐烏拉〉就清楚地說明這一事實。

㈢圖18〈太祖大宴羣臣〉中還可以看出另一件重要的史事，即大汗、諸王以及群臣面前都安放了矮桌，上置食物，大家坐的似乎是墊子而不是椅子，給人的印象是簡陋落伍。事實上滿洲人用桌子擺放菜飯食物，在這次大宴群臣時已經算是講究了；因為兩年前，即天命四年（明萬曆四十七年，1619）五月，努爾哈齊宴客才開始有桌子放飲食，古老的舊滿文檔冊裏記述了這件事：

sunja biyai ice sunja de, han i beye, muduri erinde yamun

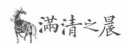

de tucifi tehe, yamun i juwe dalbade jakūn cacari cafi, jakūn
gūsai beise ambasa jakūn bade tefi, amba beile, amin beile,
manggūltai beile, duici beile, solho i juwe amba hafan
ninggun niyalma be fangkala dere de tebufi amba sarin
sarilaha, terei onggolo beise, sarin de dere de terakū, na de
tembihe. [27]

（五月初五日，辰時，汗登衙門就坐，衙門兩側設涼棚八處，八旗諸
貝勒大臣等坐八處。大貝勒、阿敏貝勒、莽古爾泰貝勒、四貝勒及朝
鮮兩位大官等六人，賜矮桌以坐，具盛筵宴之。此前，諸貝勒進宴不
坐桌，皆席地而坐也。）

這幅圖說明了滿族當時飲食文化大事上的一項進步，也說明
了他們生活品質上的一大進步。

第四，明朝末年，滿族興起於中國遼東，實在是多個民族
在東北亞洲一角的爭霸時期。參加的主角有明朝的漢族、女真
的滿洲、元朝的餘裔蒙古以及被牽連捲入事端的朝鮮族。當時
沒有世界村的觀念，各族都有著各自的文化傳統，以居室、衣
著來說，大家都不相同，《滿洲實錄》的附圖裏就能清楚的說明
這件事。漢族穿的「寬袍大袖」，滿族的袍則基本款式是圓口領、
窄袖、左衽，衣襬四面開衩，有扣拌，有腰帶，頗有特色。

從圖 20 中我們不難看出當時滿族居屋很簡陋；蒙族仍以他
們傳統的蒙古包為家，以便逐水草而居；漢族則定居於城牆內，

---

[27] 滿文老檔研究會（譯註），《滿文老檔 I・太祖》，太祖朝第 1 冊（東京：東
洋文庫，1955），天命四年五月初五日條，頁 145。

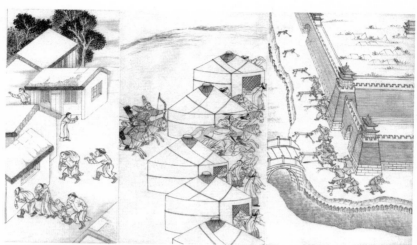

圖 20　滿族民居（左）、蒙古包（中）、漢族住屋（右）　以上三圖由左至右
依序取自〈額亦都克巴爾達〉、〈四王 貼黃 射死囊努克〉、〈太祖率兵克遼陽〉

圖 21　跪地投降的漢族官員　取
自〈太祖取撫順降李永芳〉

圖 22　漢族生員迎降　取自〈廣
寧官生出城納降〉

圖 23　蒙古來貢　取自〈恩格德爾　圖 24　朝鮮官員跪降　取自〈姜功
來上尊號〉　　　　　　　　　　　立率兵歸降〉

在安全方面比滿蒙兩族有保障多了。另外《滿洲實錄》的附圖也透現了當時各族人民的衣冠服飾，可以參閱圖 21 至 24。

　　還有，努爾哈齊祖父一輩，共有兄弟六人，被稱為「寧古塔貝勒」，關於他們的居地，清官書裏的文字說明很含糊，如早年成書的《大清太祖武皇帝實錄》記：「……德石庫住覺里乂地方，劉諳住阿哈河洛地方，曹常剛住和洛剛善地方，覺常剛住其祖居黑禿阿喇地方，豹郎剛住尼麻蘭地方，豹石住張家地方，六子六處，各立城池，稱為六王，乃六祖也」（五城距黑禿阿喇遠者不過二十里，近者不過五、六里）[28]。此與乾隆初年成書、被稱為定本的《大清太祖高皇帝實錄》所記相差不多，只是音譯滿洲文的用字不同，全文如下：

[28]《大清太祖武皇帝實錄》，收入：續修四庫全書編纂委員會（編），《續修四庫全書》，第 368 冊，卷 1，頁 1。

德世庫居覺爾察地，劉闡居阿哈河洛地，索長阿居河洛
噶善地，景祖（案：即努爾哈齊祖父，因敬避而不書本名）居祖
基赫圖阿喇地，包朗阿居尼麻喇地，寶實居章甲地。六
人各築城分居，而赫圖阿喇城，與五城相距，近者五里，
遠者二十里，環衛而居，稱為寧古塔貝勒，是為六祖云[29]。

　　《滿洲實錄》的滿文內容與上引兩書的內容相同，從文字
上我們可以知道六祖人名與居地的正確發音，如德石庫或德世
庫原名為 desiku，居地發音為 giorca；劉諳或劉闡名為 liocan，
居地是 aha holo；曹常剛或索長阿名為 soocangga，居地是 holo
gašan；覺常剛或覺昌安名為 giocangga，居地為 hetu ala；豹郎
剛或包朗阿名為 boolangga，居地為 nimalan；豹石或寶實名為
boosi，居地為 janggiya。其中 aha 意為「奴隸」，holo 意為「山
谷」，gašan 意為「村里」，hetu 意為「橫」，ala 意為「山崗」，
nimalan 意為「桑」或「桑椹」。另外「寧古塔貝勒」滿洲文作
ninggutai beise，ninggun 是漢文數字「六」，beise 是 beile（貝勒）
的多數。不過，就以上三本書所載文字而言，其給我們的印象
並不明確，反觀《滿洲實錄》的附圖──〈滿洲發跡之處〉，便
將六祖居地的位置畫得非常清楚。祖居赫圖阿喇左邊有蘇克蘇
滸河，隔河對岸上有章甲，下有尼麻喇。赫圖阿喇右側則有加
哈、首里二河，覺爾察、河洛噶善、阿哈河洛三城成品字形建
築，而阿哈河洛一地離祖居較遠，相信就是「遠者二十里」的
地點。
　　至於努爾哈齊在洞野地方射柳樹的繪畫，是表示滿族人有

---

[29] 華文書局（輯），《大清太祖高皇帝實錄》，卷1，頁4。

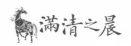

尚武精神與柳樹在滿族舊俗中的重要性。〈三仙女浴布勒瑚里
泊〉畫出神鵲含朱果降祥的故事;〈神鵲救樊察〉以及〈羣鴉路
阻兀里堪〉等圖,更說明鴉鵲鳥類為滿族降生始祖,為滿族延
續種族生命,為滿族指點戰勝之道,與民族學上的「圖騰」(Totem)
信奉有關。總之,《滿洲實錄》的附圖是一部豐多美備的史料集
子,對清初歷史的研究有發明與補充的功能。

　　《滿洲實錄》一書,單從書名上看,實在不容易確知它是
何種內容的官書。由於書中專記清朝奠基者努爾哈齊的生平事
功,故可以說是清太祖努爾哈齊的官修實錄,惟未以常見的方
式命名,實屬特別。

　　這部專記清太祖創建國家功業的官書,是以滿、蒙、漢三
種文字寫成,這在乾隆年間的官書修纂史上來說,也是很特別
的。因為滿族人在關外時代以滿、蒙、漢三種文字寫書的舊俗,
到康熙朝已經不存在了,政府規定官書僅有滿、漢兩種文字的
版本,與滿、漢文內容相同的蒙文本官書在乾隆時期絕少出現,
《滿洲實錄》堪稱特別。

　　《滿洲實錄》的漢文部分經推敲潤色而合乎乾隆時代的需
求,用字遣語都以大清為正統,記事也處處顧及皇家體面;但
是在滿文部分,卻出現一些不合常規的文字,如稱明朝為「大
明」,與明朝官員交涉的用語也顯得謙卑。更出人意表的是,書
中還記載一些皇家不光彩的故事,如卷末逼殉多爾袞生母事,
這在大興文字獄案的乾隆時代,可以說是相當特別。

　　此外《滿洲實錄》附有繪圖八十二幅,這些附圖多半是描
繪努爾哈齊生前的武功,從統一女真諸部的戰役,到對抗明朝

的歷次戰爭，乃至於征蒙古、伐朝鮮，可謂應有盡有。圖畫本身也許不是藝術上的佳作，但圖中不少細節可作為珍貴史料來看，對研究清初歷史有發明與補充之用。

《滿洲實錄》確是一部很特別的清代官書，原來它是由早年修纂的《太祖實錄戰圖》與滿、蒙、漢三種文字的《大清太祖武皇帝實錄》合併而成。乾隆四十年代，皇帝怕這些祖先在關外纂修完成的舊本「敬貯乾清宮，恐子孫不能盡見，因命依式重繪」。由於附圖與文字都是清太宗皇太極時代的舊本，並於乾隆時「重繪」成書，才給人有以上諸多「特別」的感覺。

傳統中國皇帝的實錄都是以文字寫成的，皇太極為什麼製作一部畫冊來敘述他父親努爾哈齊的生平呢？這件事多年來一直無解。我個人以為這可能與努爾哈齊、皇太極父子喜愛《三國演義》一書有關。努爾哈齊在薩爾滸山一役用了三國爭霸時的詐術，命滿洲兵改扮明兵，「披其衣甲紿綎」，「綎」指東路中韓聯兵統帥劉綎，因而取得決定性勝利。皇太極也用了〈群英會瑜智蔣幹〉情節，假明朝崇禎皇帝之手，冤殺了抗清名將袁崇煥。尤其皇太極「喜閱三國志傳」，而且「深明三國志傳」，當時投降滿洲的漢人經常以三國故事與皇太極論政，包括用人、行軍、作戰、建立大業等等，都以《三國演義》中的人物與故事為例，勸說皇太極。這些史實至今我們還可以在張弘謨〈請乘時進取奏〉、王文奎〈條陳事宜奏〉、胡貢明〈謹陳事宜奏〉、胡貢明〈五進狂瞽奏〉、劉學成〈請議和以慰人心奏〉、寧完我〈請變通大明會典設六部通事奏〉等等文獻中得到證實[30]。不

[30] 請參看：羅振玉（編），《天聰朝臣工奏議》，收入：羅振玉（編），《史料叢刊初編》，奏上、奏中、奏下。

僅如此，皇太極在對外文書上，也常見他引用三國故事的，例如天聰三年 (1629) 七月他寫信給明朝大臣說：「爾等洵屬憂國之臣，如古之張良、陳平及諸葛亮、周瑜，文武雙全，出而為將能御敵，其入而為相能治民。則爾等之言為是也」[31]。崇德三年 (1638) 十月致書給明將祖大壽時也說：「且朕之夢寐，亦時與將軍相會，未識將軍願見與否耳？昔劉、關、張三人異姓，自立盟之後，始終不渝，名垂萬禩，到今稱焉。將軍其鑒斯而速答之」[32]。可見皇太極繼任金國大汗之後，開口三國，閉口三國，《三國演義》對他的影響必深。當時滿族通漢文的人不多，而明末《三國演義》已有附圖的刊本，皇太極等既然深愛此書，並借鑑書中敘事而轉化為政策，相信書中的附圖必會給予他們深刻的印象，《太祖實錄戰圖》的繪製可能與這一層思維有關。

清太宗皇太極早年為他父親製作《太祖實錄戰圖》，並以滿、蒙、漢三種文字寫成《大清太祖武皇帝實錄》，前者圖畫之中有八成是有關戰爭勝利的作品，後者以「武」字為諡號，可見在當時人的心目中，非常重視努爾哈齊的武功成就。努爾哈齊一生確實在軍事上表現得相當傑出，他對女真諸部採用順者安撫、逆者兵臨的恩威並施策略；對蒙古則以盟誓、通婚、征伐為主，使其不成為後顧之憂；對朝鮮則力求安定和平，不受其牽制；對明朝初則恭順禮敬，勢力強大後便叛明興兵。他能掌握時局，正確估量己方實力，因此其軍事行動成功的多，失敗的少。另

---

[31] 中國第一歷史檔案館、中國社會科學院歷史研究所（譯註），《滿文老檔》（北京：中華書局，1990），頁 939–940。

[32] 國立中央研究院歷史語言研究所（編），《明清史料・丙編》，第 1 本（上海：國立中央研究院，1936），頁 57。

圖 25　明朝《三國演義》附圖

外他的智慧也表現在用兵的細節上，他能巧妙的運用誘敵深入、巧設疑兵、用計行間、據險設伏、各個擊破、裏應外合等兵家上乘的戰略，可知其武功成就並非偶然。實錄圖以戰爭為主，諡號選用「武」字，如果從這個思維上去推究，相信就容易理解了。

　　清朝入關以後，「凡大武告成，乃舉慶典，劾勞策勳，論功行賞，並繪諸戰圖」。康熙時三藩之變與準噶爾之役都繪圖以說明攻守陣勢以作為政府參考之用；乾隆時更將「十全武功」大小戰役繪成史畫；清末平定太平天國也入畫成冊。將武功成就繪之成圖以「紀功存念」，可能也與《太祖實錄戰圖》有淵源，滿洲皇帝個個「敬天法祖」，效法祖先繪製戰圖，或許也是我們

應該考慮的一種思維吧!

　　總之,《滿洲實錄》是一部值得深入研究的清代官書,也是一部具有豐富清初史料的清代官書。

蔣良騏《東華錄》的史料價值平議

清乾隆三十年代，廣西人蔣良騏參與當時國家史館纂修清初名臣列傳的工作。由於史料浩瀚如海，他為了「備遺忘」，便「信筆摘鈔」一些大內珍藏的書檔，不料幾年之後竟累積成許多卷冊。他說：

> 乾隆三十年十月，重開國史館於東華門內稍北，騏以謭陋，濫竽纂修。天擬管窺，事憑珠記。謹按館例，凡私家著述，但考爵里，不采事實，惟以實錄、紅本及各種官脩之書為主，遇闕分列傳事蹟及朝章國典兵禮大政，與列傳有關合者，則以片紙錄之，以備遺忘。信筆摘鈔，逐年編載，祗期鱗次櫛比，遂覺縷析條分，積之既久，竟成卷軸，得若干卷云 [1]。

1 蔣良騏，《東華錄·序》，收入：續修四庫全書編纂委員會（編），《續修四庫全書》，第 368 冊（上海：上海古籍出版社，1995），頁 1–2。在不少鈔本《東華錄》中有稱作「引言」、「跋」文而不稱「序」的，特別是鈔本《東華備遺錄》，其內文與此處徵引者亦有些出入。

　　國史館設在東華門內，所以他把這部史料專書稱為《東華錄》。蔣良騏在乾隆五十四年 (1789) 逝世後，該書尚未刊行，不過到嘉慶年間，多種鈔本已經在坊肆間流傳了。道光中期，日本人竟依據從中國購得的鈔本刻印成書，銷行海外。中國有蔣書刻本問世，應該比日本為晚，可能是在道光末年或咸豐年間。

　　蔣錄既然有鈔本傳世，並受國內外人士重視，為什麼刻本遲遲不刊行呢？據後人說：蔣良騏的《東華錄》內容有問題，「聞諸故老言，初稿有觸諱多條，後皆削去矣」[2]。事實上，在清朝末年，李慈銘就說過：「向傳是書（案：指蔣氏《東華錄》）語多詆諆，故奉令禁」[3]。也有清末來華的歐洲漢學家偉烈亞力 (Alexander Wylie) 在他的名著中指出，蔣氏《東華錄》裏有不少損害皇室名譽的部分已經被刪除了[4]。蔣良騏當年所錄的資料既然有「觸諱」、「詆諆」、「損害皇室名譽」的文字，自然不能在乾隆年間文字獄案大興的時候公開發行，只得以鈔本在市坊中暗地行銷，直到清末文字獄案幾乎絕跡時才刊出刻本，如此解釋應屬合理。

　　我們知道：清代仍是帝制時代，深藏在深宮大內的官書與檔冊是一般人無法接近的，更談不上細窺內容並大量摘鈔帶出宮禁。蔣良騏的《東華錄》是收集大內書檔而成，而且書中又有「觸諱」、「詆諆」、「損害皇室名譽」的內容，必然會受到關心政治和想了解史事內幕者的歡迎與喜愛，因此蔣錄不但廣泛

---

2 蒙起鵬，《廣西近代經籍志》，〈東華錄〉條。

3 李慈銘，《越縵堂讀書記》（上海：上海書店出版社，2007），頁 394。

4 Alexander Wylie, *Notes on Chinese Literature* (Shanghai: Presbyterian mission press, 1922), p.27.

的以鈔本流傳國內，更飄洋過海至鄰邦日本。平心而論，不少
蔣錄中的史料，即使在清宮史料大量公開、清史研究成果豐碩
的今日，仍有一些參考價值。這是上個世紀很多清史名家、大
師推崇蔣氏《東華錄》的原因。像孟森先生就說：

> ……蔣錄雖簡，而出於王錄（案：指清末王先謙仿蔣錄體式而
> 編成的王氏《東華錄》）以外者甚多，且多為世人所必欲知之
> 事實，如順治間言官因論圈地逃人等弊政而獲譴者，蔣
> 有而王無。康熙間陸清獻論捐納不可開而獲譴，李光地
> 因奪情犯清議，御史彭鵬兩疏痛糾之，使光地無以自立
> 天壤，蔣錄皆有之，而王錄無[5]。

謝國楨先生也說過清代內閣乃機務重地，內藏書檔不是尋
常人能得窺其祕的。蔣良騏的《東華錄》是根據清初史料編成，
比之乾隆初年定本實錄的內容，則「較為可信」[6]。

不過，時過境遷，蔣錄現已漸失往昔的光彩，在清史研究
的史料價值上也不如當年重要了。本篇即想從這個方面，提出
一些看法，以就教於方家君子。

我個人以為利用蔣氏《東華錄》來研究清初歷史，至少應
該注意以下幾項問題：

第一，自從蔣錄問世之後，無論是鈔本或是刻本，書中的
錯、別字都多得驚人。最初鈔本傳鈔，愈鈔愈多錯誤，刻本雖

---

[5] 孟森，〈讀清實錄商榷〉，收入：孟森，《明清史論著集刊》（北京：中華書
局，1959），頁 620。
[6] 謝國楨，《明清筆記談叢》（上海：上海古籍出版社，1981），頁 150。

然改正了一些鈔本中的錯字，但也有在刊刻時把鈔本中正確的字刻錯的。早在清道光年間，一位名叫奕賡的清朝宗室，就批評蔣錄「魚魯豕亥，不堪寓目」[7]。現在我略舉數例，作為說明：

在人名方面，蔣錄刻本卷 5 頁 13 上記「孔聞漂」奏請特准蓄髮不剃頭事，後被駁回。「孔聞漂」的「漂」字應作「謤」[8]。

蔣刻本卷 21 頁 1 下：「……欲結恩於允禩」。「允禩」的「禩」字應作「禩」[9]，他是康熙末年著名的皇八子，也是雍正帝的頭號政敵。刻本中多次將其名誤刻為「禩」。

蔣刻本卷 22 頁 21 上記清初學者「潘耒」，「耒」字係「耒」字之誤[10]。

蔣刻本卷 25 頁 12 下記「岳鐘琪」事。「鐘」字應作「鍾」，岳鍾琪是盛清名將，實錄中經常記述他的事蹟，蔣錄錯刻是肯定的。

蔣刻本中寫錯人名的地方還有很多，如王化貞錯寫為王化「真」；多鐸錯寫成多「環」；趙申喬誤為趙申「橋」；李維鈞誤作李「雖」鈞；隆科多誤作「隆」科多；圖理琛誤作圖理「珍」等等。最令人不可思議的是康熙朝治河名臣靳輔，在刻本卷 13 與 14 兩卷中，至少有二十三處誤刻為「勒」輔，真是大錯特錯。

---

[7] 金梁，《瓜圃叢刊敍錄》，收入：沈雲龍（主編），《近代中國史料叢刊》，第 29 輯（臺北：文海出版社，1968），頁 9。

[8] 華文書局（輯），《大清世祖章皇帝實錄》（臺北：華聯出版社，1964），卷 21，頁 10–11。

[9] 華文書局（輯），《大清聖祖仁皇帝實錄》（臺北：華聯出版社，1964），卷 236，頁 6。

[10] 華文書局（輯），《大清聖祖仁皇帝實錄》，卷 266，頁 7。

在時間方面，蔣刻本卷 4 頁 7 下：「世祖章皇帝，……以崇德三年戊寅正月十三日甲午戌時生」。然順治皇帝生於是年正月三十日，非十三日，事見《大清世祖章皇帝實錄》[11]。

蔣刻本卷 5 頁 5 下記順治二年 (1645) 正月「癸酉，李若琳奏請更孔子神牌為大成至聖文宣先師孔子，報可」，這件事《大清世祖章皇帝實錄》記在順治二年正月丁未日（即二十三日）。但是年正月根本沒有「癸酉」這一天，肯定是蔣錄錯寫[12]。

蔣刻本卷 7 頁 7 下至 8 上記順治十年 (1653) 四月「辛巳」順治皇帝「幸南臺」、「諭各衙門本章」、「諭工部」等事，《大清世祖章皇帝實錄》則分別記載以上各史事於順治十年三月戊辰（初二日）、丁亥（初九日）諸日[13]，而該年四月也同樣的沒有「辛巳」這一天。

蔣刻本卷 25 頁 9 上記雍正元年 (1723) 八月「江西撫裴率度奏擒獲寧州銅鼓營奸細」事，《大清世宗憲皇帝實錄》卻記此事在雍正元年十月己未（十三日），而非八月某一日[14]。再證以裴倖度（非「率」）本人當年所上的奏摺原件，奏疏上也寫明元年十月十三日[15]，故可以確定是蔣錄錯刻了。

雍正元年 (1723) 正月，蔣錄共記河南黃河決口，陳鵬年、牛鈕等建議事；上諭將翰林院、詹事府等官員不安本分者查明解

---

[11] 華文書局（輯），《大清世祖章皇帝實錄》，卷 1，頁 2。

[12] 華文書局（輯），《大清世祖章皇帝實錄》，卷 13，頁 11。

[13] 華文書局（輯），《大清世祖章皇帝實錄》，卷 73，頁 1、8。

[14] 華文書局（輯），《大清世宗憲皇帝實錄》（臺北：華聯出版社，1964），卷 12，頁 12–13。

[15] 國立故宮博物院故宮文獻編輯委員會（編），《宮中檔雍正朝奏摺》，第 1 輯（臺北：國立故宮博物院，1977），頁 838。

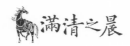

退事；吏部議各教職人員補用事；上諭總理事務王大臣論皇室
兄弟鬥爭事；莊親王奏請以內府護軍代替旗下護軍看守內廷禁
地事；命在京部院復行三年考察之例事，以及副將軍阿喇納奏
青海一千餘人投誠事七件。事實上它們都是雍正元年二月間發
生的，《大清世宗憲皇帝實錄》中記載得很清楚[16]。

　　蔣氏《東華錄》中有關刻錯與鈔錯的地點也是很多，如崇
德元年 (1636)：「九月武英郡王阿濟格等奏：我兵入長安、過保
定，至安州，克十二城，五十六戰皆捷」[17]。文中「長安」是
「長城」之誤，由《大清太宗文皇帝實錄》的記載可以得到證
明[18]。

　　又如康熙十五年 (1676) 十月，「河決淮陽，命工部尚書冀如
錫、戶部侍郎伊桑阿閱視」[19]。《大清聖祖仁皇帝實錄》中也記
了這件事，只是「淮陽」的「陽」字作「揚」，實錄是正確的，
蔣錄錯了[20]。蔣錄刻本中還有不少地方把「揚州」誤作「楊州」
的，在此就不贅述了。

　　治清史的人都知道康熙帝曾三次親征厄魯特蒙古的噶爾
丹，征途中常見大軍經過一個有名的防守據點名叫「烏蘭布通」，
蔣刻本中則有誤作「馬蘭布通」或「鳥蘭布通」的，「馬」、「鳥」

---

[16] 華文書局（輯），《大清世宗憲皇帝實錄》，卷4，頁4、6、7、13、20、30、
　　35。

[17] 蔣良騏，《東華錄》，收入：續修四庫全書編纂委員會（編），《續修四庫全
　　書》，第368冊，卷3，頁7。

[18] 華文書局（輯），《大清太宗文皇帝實錄》，卷31，頁2。

[19] 蔣良騏，《東華錄》，收入：續修四庫全書編纂委員會（編），《續修四庫全
　　書》，第368冊，卷11，頁7。

[20] 華文書局（輯），《大清聖祖仁皇帝實錄》，卷63，頁14。

都是錯字[21]。

　　蔣刻本卷 31 頁 4 上行 6 起有「豫雀……祥筋」地名記事，應是「豫省……祥符」之誤[22]。

　　以上只是蔣氏《東華錄》刻本中極小部分的人、時、地刻錯的例子，其他固有專門名詞如皇帝刻成「黃」帝；太監刻成「大」監；貝勒刻成「具」勒；備禦官刻成「防」禦官；經略刻成經「歷」；玉璽刻成玉「窒」；總兵刻成總「督」；乾清宮刻成乾清「門」；闕里刻成「關」里；河臣刻成「何」臣；入覲刻成入「觀」；論絞刻成論「綾」；班禪刻成班「祥」；耤田典禮刻成「籍」田典禮；改土歸流刻成「敗」土歸流等等，也是多得可怕。歷史主要內涵也只是有關人、時、地等等紀錄，蔣良騏《東華錄》中竟有如此多的錯、別字，我們利用該書來作研究清史的依據時，能完全信任徵引嗎？

　　第二，蔣錄中有不少記事不夠周遍，不能讓人盡窺全貌。例如蔣錄刻本卷 3 頁 8 崇德二年 (1637) 條下記：

> 是年，分漢軍為左右翼，旂（案：旗）色皆用元青。石廷柱為左翼都統，馬光遠為右翼都統。四年，分漢軍為廂黃、廂白、廂紅、正藍四旂。七年分八旂，八旂次序：廂黃、正黃、正白為上三旂；正紅、廂白、廂紅、正藍、廂藍為下五旂。八旂方位：廂黃、正白、廂白、正藍為左翼，正黃、正紅、廂紅、廂藍為右翼。

[21] 蔣良騏，《東華錄》，收入：續修四庫全書編纂委員會（編），《續修四庫全書》，第 368 冊，卷 17，頁 7。
[22] 華文書局（輯），《大清世宗憲皇帝實錄》，卷 103，頁 28。

　　對於清初漢軍旗的建制，蔣良驥在《東華錄》裏雖有其他的記述，然而終令人有不夠周全、不夠明確之感。據史書的記載，早期滿洲八旗成立時，旗下也包括一些蒙古人與漢人。後來蒙古與漢人投降的人多了，才有從滿洲旗下抽出蒙、漢人另立蒙古軍旗與漢軍旗的構想。特別在皇太極成為大汗之後，滿洲政權靠著漢人技術而能鑄造紅衣大砲取勝的時代，由於製造與使用火砲的軍人都是漢人，皇太極便下令從滿洲各旗中抽取漢人，組成漢人的外族軍旗。後來又加上孔有德、耿仲明、尚可喜等明軍將領率兵來歸，新、舊漢軍的組織乃有調整的必要。因為早期組成的漢軍和滿蒙八旗兵屬於同一兵種，同屬農奴性質的部隊。孔、耿、尚等人帶來的軍隊則屬於明軍的編制，有著僱傭兵的性質，兩者不易合併，所以把孔有德等人的投誠兵稱為天祐軍、天助軍。在孔、尚等投誠後近一年的光景，皇太極在瀋陽城外閱兵時，據老舊滿文檔冊稱：

　　（案：天聰八年三月十三日）兵部貝勒岳託率滿洲八旗、蒙古二旗、漢兵一旗，共十一旗行營兵集於瀋陽北郊。前列漢軍砲兵，次滿洲、蒙古步兵，第三列騎兵，第四列守城各處應援兵，第五列守城砲兵，各以序列，綿亘二十里[23]。

　　當時漢人已有獨立軍團，只是與滿、蒙兵的比例是一比八比二；值得注意的是名列前茅的漢人砲兵及殿後的守城砲兵，

---

[23] 中國第一歷史檔案館（編），《清初內國史院滿文檔館譯編》，上冊（北京：光明日報出版社，1989），頁69–70。

火器大軍的重要性由此可知。在金國改稱清國，天聰改元崇德後第二年，即崇德二年 (1637) 七月，開始建立兩旗漢軍，左翼由石廷柱率領、右翼由馬光遠領軍，仍「照滿洲例，編壯丁為牛彔」[24]。崇德四年 (1639)，漢軍由二旗擴充為四旗，旗色也在二旗原用的元青色上加以變化，改為元青鑲黃、元青鑲白、元青鑲紅以及純元青色。孔有德等僱傭兵團的旗色用皂色不變，以表示天祐、天助軍與新編漢軍的不同。崇德七年 (1642)，由於收編的漢人更多了，乃將漢軍四旗再擴大為八旗，形成了滿、蒙、漢三大軍團。孔有德等曾聯名請求，「以所部兵，隨漢軍旗下行走」，皇太極同意了他們的請求，「命歸併漢軍兵少之旗，一同行走」[25]。至此孔、耿、尚的部隊歸屬於漢軍建制，但只是「一同行走」，並沒有真正完全一體化，這說明在舊制八旗之外，又增設了漢族軍團。至於上三旗與下五旗的事，那是順治皇帝在多爾袞死後，於順治八年 (1651) 將原隸屬多爾袞的正白旗收為皇室所有，加上皇室原有的兩黃旗，合而為上三旗，由皇帝直接統轄。總之，漢軍八旗的發展歷史與八旗有上三下五之分的事，在蔣錄中是不能盡窺全貌的。

又如蔣刻本崇德八年 (1643) 九月壬寅條記：「鄭親王等統大軍征明寧遠衛。十月一日拔其城，斬遊擊吳良弼，進克前屯衛，斬總兵李斌明、袁尚仁及副將等三十餘員。護軍統領阿濟格、尼堪、布善率將士拔中前所」。不過《大清世祖章皇帝實錄》的記載是：鄭親王濟爾哈朗的大軍是九月十一日開始出發征寧遠的，到九月二十三日才抵中後所，二十四日「以雲梯、挨牌，

---

[24] 華文書局（輯），《大清太宗文皇帝實錄》，卷 37，頁 30。
[25] 華文書局（輯），《大清太宗文皇帝實錄》，卷 62，頁 10。

及紅衣礮急攻之，至二十五日，城頹，敵不能支，遂奔潰，我軍隨拔其城，擄斬遊擊吳良弼、都司王國安等二十餘員」[26]。後來濟爾哈朗又向瀋陽報告說：他們九月二十九日近子夜時發砲攻擊前屯衛，第二天十月一日中午攻下了此城，「斬明總兵李賦明、袁尚仁，及副將、參將等三十餘員」；隨即乘勝進攻中前所，「明總兵黃色，聞前屯衛陷，棄城而遁，官兵追襲，黃色敗走，遂拔中前所，俘獲千餘人，并駝馬火器諸物」[27]。從文字敘述上看，「十月一日拔其城」是前屯衛，不是寧遠城，而遊擊吳良弼是在中後所一役中被殺的，這些都是蔣錄記事不清楚、不正確的地方。事實上，明廷調集八總兵十幾萬大軍出關，與滿洲清軍決戰於錦州、松山、杏山、塔山等地失敗後，只有吳三桂等部退縮回到寧遠,而明朝關外的防守據點也僅有寧遠衛、山海關衛、中右所、中後所、前屯衛、中前所幾處。此次濟爾哈朗帶大軍出征，只攻占了中後所、中前所、前屯衛等地；至於寧遠城則是在順治元年 (1644) 三月，李自成大軍逼近北京時，明廷急詔吳三桂勤王才放棄，並非被清軍所攻下。寧遠棄守，山海關以外的土地也就全屬清方所有了。這又是蔣錄記事不周全的一個例子。

他如康熙、雍正兩朝對廣大中國地區中有關顧惜民生的事，蔣錄所記也有問題，現在且以減免賦稅與賑災為例。康熙初年，清廷曾沿襲前朝舊制，停免民間逋欠在三年以上者。康熙十年 (1671)，皇帝因為東巡東北老家，免除所經各地的本年租稅，這是清朝「巡幸蠲免」的創舉；十九年 (1680)，又因江南各地稅重，

---

26 華文書局（輯），《大清世祖章皇帝實錄》，卷2，頁2、8、9。
27 華文書局（輯），《大清世祖章皇帝實錄》，卷2，頁12。

皇帝下令免去十二年以前的民欠。其後七、八年中，不斷降旨
免直隸、陝西、河南、湖北、四川、貴州、福建等省應納之項，
即所謂的「輪免」、「普免」賦稅。直到康熙末年，這類減免田
賦的事，還時常舉行。雍正繼位以後，也有免稅的措施，如即
位後曾將江蘇等屬舊欠錢糧暫行停繳，七年 (1729) 又以西藏、苗
疆的平定，免甘肅、四川、廣西、雲貴等地次年田租。甚至有
所謂直隸首善之地、山東被水之區，而特別免除民租。雍正十
年 (1732) 又藉口平定臺灣「生番」，十一年 (1733) 剿平雲南猓亂，
「兵戈所經，復加優免」。終雍正之世，這位被人冠以「兇殘」
名號的皇帝，都不停的以減稅免賦來關心人民的生計。在蔣氏
《東華錄》中對康熙時代減免賦稅的事，還有些記載，但是到
雍正之後，卻寥寥無幾了，像雍正九年 (1731) 二月條下記：

> 上諭內閣：上年秋月，山東地方山水為患，河南亦有數
> 縣被水。朕以田文鏡自能辦理安貼，冬間見總督邁柱奏，
> 知豫雀〔省〕被水之民有覓食糊口於湖廣者，今聞祥筋
> 〔符〕、封邱等處乏食窮民，沿途求乞，而村鎮中更有賣
> 鬻男女，為山、陝客商買去者。……田文鏡近來年老多
> 病，精神不及，故為屬員所欺罔耳。刑部侍郎王國棟著
> 馳馹前往，將被水州縣查明，飛飭該地方官動用本地倉
> 穀錢糧，核實賑濟，至麥熟時奏聞停止。其應行緩征之
> 州縣，即令緩征，以免追呼之苦[28]。

---

[28] 蔣良騏，《東華錄》，收入：續修四庫全書編纂委員會（編），《續修四庫全
書》，第 368 冊，卷 31，頁 4。

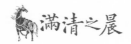

這是難得看到的一條。事實上雍正皇帝在這方面也做了很多事，他登基後不久就將江南蘇松等處歷年積欠的一千六百多萬兩，「加恩將康熙五十年以前未完，概行豁免，其自五十一年以後應徵之項，又復寬限，分為十年至十五年帶徵」，以寬紓民力[29]。對其他各省也不時減免賦稅，以雍正七年 (1729) 來說，二月間就「豁免江南沛縣水沉田地額賦銀三千二百七十兩有奇」；「免江西安仁縣雍正六年分旱災額有差」；又將浙江省「雍正七年額徵地丁屯餉錢糧，蠲免十分之二」，以及四川瀘州、崇慶等地「七年額徵錢糧，全行豁免」。三月「免福建侯官等九縣雍正六年分旱災額賦有差」；「免甘肅平番縣雍正六年分旱災額賦有差」。四月「免江南徐州雍正五年分水災額賦有差」；又將康熙五十一年至雍正四年江蘇等屬漕項屯折等款「一體停徵」。六月將甘肅、四川、雲南、貴州、廣西等省雍正八年「額賦錢糧，蠲免十分之三」；並派專人攜「公帑銀四千兩」、「逐戶賞給」江西大庾與南康二縣被水災民。直隸地區雍正七年錢糧也被「蒙恩蠲免」過，同時又下令「免甘肅平涼縣雍正六年分雹災額賦有差」。閏七月「免江南靖縣雍正六年分雹災額賦有差」。九月又令將西鳳平臨等地雍正八年應徵正糧、馬糧及草料「全行蠲免」，「賑浙江江山縣水災飢民」、「賑湖南澧州、臨湘等七州縣、岳州等三衛旱災飢民」。十月間「免雲南南寧縣本年分水災額賦有差」。十一月又「免浙江江山縣本年分水災額賦有差」等等[30]。由此可見，雍正七年幾乎是每月都有免賦賑災的行動，而蔣氏《東華錄》中則看不到一條，顯然盛清帝王減賦賑災的仁政，

[29] 華文書局（輯），《大清世宗憲皇帝實錄》，卷78，頁9。

[30] 請參看：華文書局（輯），《大清世宗憲皇帝實錄》，卷78-89。

在蔣錄中是不周全的，雍正帝像似一位不關心民生的君主。

　　還有雍正朝除豁賤民可說是清初的大事，也是帝制中國史上的創舉。蔣氏《東華錄》裏只在雍正元年 (1723) 九月條下記「除浙江紹興府隋〔惰〕民丐籍」幾個字[31]。我們知道：在清朝以前，中國社會上有一些特殊的階級，他們世執賤業，不能與平民為伍，不但沒有參政權、考試權，甚至連婚姻、產業、飲食場所都受到限制。康熙時代的山西樂戶、浙江惰民與九姓漁民、江西棚民、廣東蜑戶以及安徽世僕亦屬之。這些階層的人還受到社會大眾的歧視，其中有些人不能穿戴與一般平民相同的衣帽；有些人被排斥只能在荒山裏居住，不被列入保甲；有些人則終身以船為家，不能登陸居住。雍正皇帝認為這是社會相沿的惡習，應該除掉才對，所以他在即位之後，先在雍正元年除豁山西、陝西樂戶與浙江墮民的賤籍。雍正五年 (1727) 又下令將安徽的世僕與伴儅開豁為良民。雍正七年 (1729)，廣東以船為家的蜑戶也受到關愛，皇帝為他們開闢了自新之途，並「令有司勸諭蜑戶，開墾荒地，播種力田」，允許他們登岸居住。雍正八年 (1730) 又將江南蘇州、昭文二縣的丐戶列入編民，解除他們的賤籍[32]。這些都是雍正皇帝的社會改革大政，蔣氏《東華錄》竟多不記，可見有不周遍的缺陷。

　　第三，比錯字與不周遍更可怕的是，蔣錄中還有不少與史實不符的記述。現在略舉數例，以作說明：

---

[31] 蔣良騏，《東華錄》，收入：續修四庫全書編纂委員會（編），《續修四庫全書》，第 368 冊，卷 25，頁 11。

[32] 華文書局（輯），《大清世宗憲皇帝實錄》，卷 6，頁 23；卷 11，頁 27；卷 56，頁 27；卷 81，頁 38；卷 94，頁 17。

一、蔣刻本卷 1 頁 3–4 記萬曆十一年 (1583) 古勒之役，清太祖努爾哈齊的祖父覺昌安與父親塔克世在戰火中被殺害後，「太祖聞之，大慟，詰明邊吏，明歸我二祖喪，與敕三十道，馬三十匹，封龍虎將軍，復給都督敕書」。這段記事與史實不太符合，按明朝政府授努爾哈齊都督僉事職位是在明萬曆十七年 (1589)，當時因為薊遼督撫張國彥、顧養謙等人上書請求，明神宗萬曆皇帝乃有此舉。朝鮮史書如《野乘》、《丙子白登錄》中也都記述此事在萬曆十七年。又努爾哈齊被明廷封為龍虎將軍一事，清朝實錄中不記，明朝實錄則繫此事在萬曆二十年 (1592) 以後，而不是十一年[33]。蔣錄記努爾哈齊授都督僉事與龍虎將軍職同在萬曆十一年是錯誤的。

二、蔣刻本卷 1 頁 5 上記：「丁亥年正月於碩里口虎欄哈達東南加哈河兩界中平岡，築城三層，並建宮室」。這一記事有兩項問題，一是「正月」時間方面，因為在早年有關的文字記載中，都沒有肯定的指出築城事是在正月；二是築城的地點似乎不像蔣錄中所說的「於碩里口虎欄哈達東南加哈河兩界中平岡」地方。最早版本的《大清太祖武皇帝實錄》對築城的說法是：「丁亥年，太祖於首里口、虎欄哈達下，東南河二道，一名夾哈，一名首里，夾河中一平山，築城

---

[33] 請參看：中央研究院歷史語言研究所（輯校），《明神宗實錄》（臺北：中央研究院歷史語言研究所，1966），卷 215、443。又卷 443，頁 8 記萬曆三十六年二月癸未條有薊遼總督塞達奏本一件，文中有「奴兒哈赤忠順學好，看邊効力，於二十三年加升龍虎將軍」等語，似可參考。

三層，啓建樓臺」[34]；另外乾隆朝據早年關外本重抄的《滿洲實錄》也說：「丁亥年，太祖於碩里口、呼蘭哈達下東南河二道，一名嘉哈，一名碩里加，河中一平山，築城三層，啓建樓臺」，其中都沒有提及「正月」。康熙朝重修太祖實錄時，史官們為了符合傳統中國史書的體例，在每年每月之前都加上干支朔日，而有「補朔」之事，早年滿洲人在關外的檔冊並不講究這一點。因此，丁亥年築城是後人追憶所記下，月日已經記不清了，經過「補朔」變成像似「正月」的事。類似的例子在康熙重修太祖實錄中還有不少，蔣良騏顯然用了後來的定本太祖實錄，並未加辨別，因而犯下同樣的錯誤；築城地點也是一樣，是誤抄「定本」而致誤。

三、蔣刻本卷 3 頁 5 下記：「崇德元年正月，詔太祖庶母子稱阿哥，六祖子孫俱稱覺羅，命繫紅帶以別之。如人相詆，不得晉及祖父，違者擬死」。這一記事有幾點可作深入探討的：㈠清初內國史院滿文檔案與實錄都明確地記述清太宗降此諭的時間是「天聰九年正月」，不是「崇德元年正月」[35]。而且天聰十年 (1636) 四月間才改元崇德，四月之前史事不應以崇德為稱，如《大清太宗文皇帝實錄》直到天聰十年五月記事才冠以「崇德」年號，蔣良騏用「崇德元年正月」字樣，實在不合古史書法的體式。㈡「太祖庶母子稱阿哥」

---

[34] 《大清太祖武皇帝實錄》，收入：續修四庫全書編纂委員會（編），《續修四庫全書》，第 368 冊（上海：上海古籍出版社，1995），卷 1，頁 8。

[35] 中國第一歷史檔案館（編），《清初內國史院滿文檔案譯編》，上冊，頁 143；華文書局（輯），《大清太宗文皇帝實錄》，卷 22，頁 9，都作天聰九年正月。

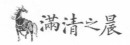

也與早年滿文檔冊及實錄的寫法不同，內國史院滿文檔案作「先汗庶子」、《大清太宗文皇帝實錄》稱「太祖庶子」，顯然在親屬稱謂上有些差異。又蔣錄說：「如人相詆，不得罵及祖父，違者擬死」。然而按滿文檔案與實錄的說法是：「如目睹繫紅帶而罵及其祖父者，擬死。其不繫紅帶而致人辱罵者，勿究」[36]。可見「擬死」是有前提的，有條件的，這是蔣錄不符史實的另一例。

四、蔣錄刻本卷 15 頁 2 下至 5 上記郭琇參劾高士奇、王鴻緒等人「植黨營私，招搖撞騙，罪有可誅」之事，疏文很長，康熙皇帝看了參疏之後降旨：「高士奇、王鴻緒、何楷、陳元龍、王頊齡，俱著休致回籍」。不過《大清聖祖仁皇帝實錄》康熙二十八年 (1689) 九月壬子 (十九日) 條省略了郭琇奏疏的全文，僅大要的記說：

> 都察院左都御史郭琇疏參原任少詹事高士奇，植黨營私，與原任左都御史王鴻緒、見任科臣何楷、翰林陳元龍、王頊齡等，招搖納賄，請賜罷譴。得旨：高士奇、王鴻緒、陳元龍，俱著休致回籍，王頊齡、何楷著留任[37]。

蔣良騏以實錄為主要依據編輯成他的《東華錄》，他卻說王頊齡與何楷都休致回籍，與實錄不同，顯見他從事的態度不夠嚴謹，又犯了與史不符的錯誤。

---

[36] 中國第一歷史檔案館 (編)，《清初內國史院滿文檔案譯編》，上冊，頁 143；《大清太宗文皇帝實錄》，卷 22，頁 9。

[37] 華文書局 (輯)，《大清聖祖仁皇帝實錄》，卷 142，頁 6–7。

　　類似這樣的失真記事還有不少，這裏不擬贅舉，相信由上述四例，大家已能窺知蔣錄的內容確有問題，不能依賴他的文字作研究、進而作論斷來重建清初的歷史，應該是值得我們注意的一項事實。

　　不過，話說回來，清初五帝的實錄總卷數為 678 卷（序與凡例等不在內），而蔣氏《東華錄》刻本 32 卷，鈔本僅 16 卷，以比例來看，蔣錄的「簡略」是不言可喻的。同時他又在工作之餘，可能是偷偷的「信筆摘鈔」大內檔案，手民之誤也是難免。在清宮檔冊與大內衙門資料不公開的清代，他收集這些文獻並公開流傳，實在是一件難能可貴的事，我們不能以今天的環境一概抹殺蔣錄的價值。事實上，蔣氏《東華錄》中仍有不少史料是珍貴的，如史可法覆多爾袞書，實錄裏都沒有記載全信的內文，只說「語多不屈」。大概是因為信中史可法自稱「大明國督師兵部尚書兼東閣大學士」，說了不少「春秋之義」的話，讚美崇禎皇帝「敬天法祖，勤政愛民，真堯舜之主」。福王稱帝南京他認為是「名正言順，天與人歸」的事，多爾袞勸他「識時知命」，「削號歸藩」投誠清朝，他則回答寧願「鞠躬致命，克盡臣節」，並責備清朝「乘我蒙難，棄好崇仇，窺此幅幀，為德不卒，是以義始，而以利終」[38]。你看這些「不屈」之語，能不叫反清仇滿人士為之感動欽佩，能不叫蔣錄鈔本在「黑市」大肆流傳暢銷嗎？

　　又如〈多爾袞母子併妻罷追封撤廟享詔書〉，也是實錄不見

---

[38] 蔣良騏，《東華錄》，收入：續修四庫全書編纂委員會（編），《續修四庫全書》，第 368 冊，卷 4，頁 17–20。

的宮廷機密文件，書中說多爾袞當攝政王時：

> 獨擅威權，不令鄭親王預政，以親弟豫親王為輔政叔王，
> 背誓肆行，自稱皇父攝政王。又親到皇宮內院，以太宗
> 文皇帝之位原係奪立，以挾制皇上。又逼死肅親王，遂
> 納其妃。凡批票本章，概用皇父攝政王之旨，不用皇上
> 之旨。

　　順治皇帝因而對多爾袞作了死後清算，「將伊母子併妻罷追
封、撤廟享，停其恩赦」[39]。這是皇室鬥爭的鐵證文獻，當年
一般人是絕對無法窺知的，蔣良騏將全文重要部分鈔錄出來公
開了，怎能不震驚海內外？

　　他如南明桂王在被擒殉國前致吳三桂的一封信，文情並茂，
但讀來不勝唏噓，悽涼悲痛到教人鼻酸落淚。桂王說明朝對待
吳三桂不薄，「世膺爵秩，藩封外疆，列皇帝之于將軍，可謂甚
厚」，而吳三桂竟然：

> 忘君父之大德，圖開創之豐功，督師入滇，覆我巢穴。
> 僕由是渡沙漠，聊借緬人以固吾圉，山遙水遠，言笑誰
> 歡？衹益悲矣。既失世守之河山，苟全微命于蠻服，亦
> 自幸矣。乃將軍不避艱險，請命遠來，提數十萬之眾，
> 窮追逆旅之身，何視天下之不廣哉？豈天覆地載之中，
> 獨不容僕一人乎？……猶欲殲僕以邀功乎？……將軍既

[39] 蔣良騏，《東華錄》，收入：續修四庫全書編纂委員會（編），《續修四庫全
　　書》，第 368 冊，卷 6，頁 20–21。

毀我室，又欲取我子，讀〈鴟鴞〉之章，能不慘然心惻
乎？將軍猶是世祿之裔，即不為僕憐，獨不念先帝乎？
……不知大清何恩何德于將軍，僕又何仇何怨于將軍也。
……僕今者兵衰力弱，煢煢孑立，區區之命，懸于將軍
之手矣，如必欲僕首，則雖粉身碎骨，血濺草萊，所不
敢辭。若其轉禍為福，或以遐方寸土，仍存三恪，更非
敢望。倘得與太平草木，同沾雨露于聖朝，僕縱有億萬
之眾，亦付于將軍，惟將軍是命。將軍臣事大清，亦可
謂不忘故主之血食，不負先帝之大德也。惟冀裁之[40]。

　　這封信實在感人，關心政事的人誰不想先睹為快呢？
　　還有康熙年間郭琇參劾大學士明珠的奏疏；參劾高士奇、
王鴻緒的奏疏；以及許三禮疏參徐乾學、傅塔拉疏參洪之傑與
徐乾學、彭鵬疏參李光地等等文件，件件都可以說是揭發有學
無品文人穢跡惡行的珍品，從中也透現了康熙朝的弊政極多。
而這些資料在實錄中幾乎不見，或是語焉不詳。像郭琇指出明
珠大學士的罪狀有「凡閣中票擬，俱由明珠指麾，輕重任意」；
「結黨羣心，挾取貨賄」；「凡督撫藩臬缺出，……無不輾轉販
鬻，必索及滿欲而後止」；治理黃河「每年糜費河銀」，明珠「大
半分肥」；「科道官有內陞出差者，明珠、余國柱率皆居功要索」；
明珠「見人輒用柔顏甘語，百般欷曲，而陰行鷙害，意毒謀險」
等等[41]。郭琇在參高士奇時說：「高士奇……結納諸附大臣，攬

---

[40] 蔣良騏，《東華錄》，收入：續修四庫全書編纂委員會（編），《續修四庫全
　　書》，第 368 冊，卷 8，頁 19–20。
[41] 蔣良騏，《東華錄》，收入：續修四庫全書編纂委員會（編），《續修四庫全

事招搖，以圖分肥。……結王鴻緒為死黨，……在外招攬，……
奸貪壞法，全無顧忌」，並且形容高士奇是個「豺狼其性，蛇蠍
其心，鬼蜮其形」的人，指其犯下了極多「欺君滅法」大罪[42]。
許三禮參徐乾學「不顧品行，律身不嚴」，「無好行止，自無好
議論，既無好事業，焉有好文章，應逐出史館，以示遠奸」。另
外徐乾學也犯了「得贓累萬」、「放賭宿妓」等等的罪行，請皇
帝「立賜處分」[43]。彭鵬參李光地的奏疏中更直接指出光地「貪
位而忘親」，「於禮則悖〔悖〕，於情則乖，於詞則不順」，並提出
十項理由說明李光地應罷官回家，即所謂「十不可留」的知名
奏疏[44]。以上書信奏疏的刊出，相信是人們爭相閱覽蔣錄的一大
原因，也是蔣良騏當年《東華錄》被人重視與推崇的主要理由。

　　總的來說，就我個人的看法，蔣氏《東華錄》確仍有其參
考價值；不過，書中錯、別字太多，加上所錄史事有時因「簡
略」而不能盡述原委，甚至有與史實真相不符的，這些缺陷我
們不能不注意。在清宮書檔已相當程度公開的今天，在出版品
大量影印流傳與電腦資訊發達的今天，我們不能完全依賴蔣錄
原書的內容，應該多方查證，多研讀原始史料來研究清史、寫
作清史才好。

書》，第 368 冊，卷 14，頁 8–11。

[42] 蔣良騏，《東華錄》，收入：續修四庫全書編纂委員會（編），《續修四庫全
書》，第 368 冊，卷 15，頁 2–5。

[43] 蔣良騏，《東華錄》，收入：續修四庫全書編纂委員會（編），《續修四庫全
書》，第 368 冊，卷 15，頁 6–11。

[44] 蔣良騏，《東華錄》，收入：續修四庫全書編纂委員會（編），《續修四庫全
書》，第 368 冊，卷 16，頁 13–16。

文明叢書——

把歷史還給大眾，讓大眾進入文明！

文明叢書 11

奢侈的女人——明清時期江南婦女的消費文化　巫仁恕／著

「女人的錢最好賺」，這句話雖然有貶損的意味，但也代表女人消費能力之強。明清時期的江南婦女，經濟能力大為提升，生活不再只是柴米油鹽，開始追求起時尚品味。要穿最流行華麗的服裝，要吃最精緻可口的美食，要遊山玩水。本書帶您瞧瞧她們究竟過著怎樣的生活？

文明叢書 12

文明世界的魔法師——宋代的巫覡與巫術　王章偉／著

《哈利波特》、《魔戒》熱潮席捲全球，充滿奇幻色彩的巫術，打破過去對女巫黑袍掃帚、勾鼻老太婆的陰森印象。在宋代，中國也有一群從事巫術的男覡女巫，他們是什麼人？他們做什麼？「消災解厄」還是「殺人祭鬼」？他們是文明世界的魔法師！

文明叢書 13

解構鄭成功——英雄、神話與形象的歷史　江仁傑／著

海盜頭子、民族英雄、孤臣孽子、還是一方之霸？鄭成功到底是誰？鄭成功是民族英雄、地方梟雄、還是不得志的人臣？同一個人物卻因為解讀者（政府）的需要，而有不同的歷史定位。且看清廷、日本、臺灣、中共如何「消費」鄭成功！

文明叢書 14

染血的山谷——日治時期的噍吧哖事件　　　康　豹／著

噍吧哖事件，是日治初期轟動一時的宗教反抗，震驚海內外。信徒憑著赤身肉體和落後的武器，與日本的長槍巨砲硬拼，宛如「雞蛋碰石頭」。金剛不壞之身頂得住機關槍和大砲嗎？臺灣的白蓮教——噍吧哖事件。

文明叢書 15

華盛頓在中國——製作「國父」　　　潘光哲／著

「國父」是怎麼來的？是選舉、眾望所歸，還是後人封的？是誰決定讓何人可以登上「國父」之位？美國國父華盛頓的故事，在中國流傳，被譽為「異國堯舜」，因此中國也創造了一位「國父」——孫中山，「中國華盛頓」。

文明叢書 16

生津解渴——中國茶葉的全球化　　　陳慈玉／著

大家知道嗎？原來喝茶習慣是源於中國的，待茶葉行銷全球後，各地逐漸衍生出各式各樣的飲茶文化，尤其以英國的紅茶文化為代表，使得喝茶成為了一種生活風尚，飄溢著布爾喬亞氣息，並伴隨茶葉貿易的發展，整個世界局勢為之牽動。「茶」與人民生活型態、世界歷史的發展如此相互牽連，讓我們品嘗好茶的同時，也一同進入這「茶」的歷史吧！

文明叢書 17

林布蘭特與聖經——荷蘭黃金時代藝術與宗教的對話
花亦芬／著

在十七世紀宗教改革的激烈浪潮中，林布蘭特將他的生命歷程與藝術想望幻化成一幅又一幅的畫作，如果您仔細傾聽，甚至可以聽到它們低語呢喃的聲音，就讓我們隨著林布蘭特的步伐，一起聆聽藝術與宗教的對話吧！

游　道——明清旅遊文化

巫仁恕、狄雅斯／著

旅行團包套的「套裝旅遊」，你以為是現代的產物嗎？其實早在明清時期，中國已有各式各樣的旅遊活動，而且旅遊設施逐漸走向商品化，比起同時期的西方有過之而無不及。無論是美酒佳餚、游船肩輿、旅遊導覽、遊伴相隨，皆讓旅途可以更舒適、更盡興。

天朝向左，世界向右——近代中西交鋒的十字路口

王　龍／著

康熙皇帝與彼得大帝出生時代相同，在位時間相當，同樣具有非凡的雄才大略；然而，為何彼得大帝能使落後的俄羅斯一躍成為世界強國，而康熙皇帝開創的盛世卻逐漸走向「悲風驟至」的無底深淵？本書係駐足於近代東西方社會激烈動盪、交鋒的十字路口，對比中外歷史上二十位精英人物在關鍵時刻選擇之道路，追尋近代中國迷失、落後的深層原因。

民族主義與近代中國思想（修訂二版）

羅志田／著

本書著眼於民族主義與近代中國思想的互動，梳理夷夏之辨這一近代中國民族主義的本土思想資源，論證中西文化競爭造成的思想與社會權勢轉移，分析中外民族主義的異同，揭示近代中國民族主義以激烈反傳統和嚮往「超人超國」為特徵的一些特殊表現形式，特別是中國民族主義與世界主義和社會主義之間複雜曲折的關聯。

透視康熙

陳捷先／著

愛新覺羅・玄燁是順治皇帝的第三個兒子，他既非皇后所生，亦非血統純正的滿族人，卻因出過天花而得以繼位，成為著名的康熙皇帝。他對內整飭吏治、減輕賦稅、督察河工，年未及三十便平定三藩，為大清帝國立下根基。本書係以歷史研究為底本，暢談康熙皇帝的外貌、飲食、嗜好、治術和人格特質，不僅通俗可讀，其所揀選分析之史料也值得細細品味。

瞧，這些女人！(一)(二)(三)

《淑媛》編輯部

莎士比亞曾經說過：「女人啊女人，男人的舞臺，你們是永遠站在光圈和掌聲以外的。」莎士比亞的這句話早已落伍，因為女人用她們頑強的生命力、獨特的魅力，以及不凡的智慧，已經向世人展現女人的能力絕對不輸男人。於是我們可以看到美麗又有智慧的凡妮莎與維吉尼亞姐妹，在布魯姆斯伯里沙龍中孕育出情感激盪的文藝年代；見到勃朗特三姐妹如何傾注靈魂與生命，寫出永恆不朽的動人篇章；艾蜜莉亞‧埃爾哈特不讓林白專美於前，成為歷史上第一位飛越大西洋的女性；而喬治敦的主婦們則是藉由衣香鬢影的宴會，不著痕跡地影響著白宮的政治。

女人，絕對可以擁有屬於自己的光圈與掌聲！